दो परछाइयाँ, एक रोशनी

दो भाइयों का साहस, एक परिवार की नींव

हिनाली दुधाणे

TM
"Connect the Vision"
Nexus Stories Publication
Bharata

NEXUS STORIES PUBLICATION®
Surat, Gujarat, India.

Title – दो परछाइयाँ, एक रोशनी
First Published by Nexus Stories Publication 2025

ISBN # 978-93-47491-46-7

Publication
Nexus Stories Publication®, Surat (Gujarat), Bhārata
https://nexus-stories.com # +91 87800 80718

समर्पण

मेरे **पा** और **बड़े पापा**,
जिन्होंने मुझे सिखाया कि प्रेम सबसे मज़बूत तब होता है जब वह मौन रहता है,
त्याग सबसे प्रभावशाली तब होता है जब वह अनदेखा रह जाता है,
और परिवार ही वह खज़ाना है जो कभी फीका नहीं पड़ता।

मेरी **बड़ी माँ** और **माँ**,
जिनकी दृढ़ता, गरिमा और अनगिनत बलिदान
मेरी ज़िंदगी का आधार बने।

मेरे **दादा-दादी**,
हमारे पारिवारिक वृक्ष की जड़ें,
जिन्होंने हमें धैर्य, संस्कार और साथ रहने का अर्थ सिखाया।

मेरे **भाई-बहन**,
जो हर आँधी और धूप में मेरे साथ चले,
और याद दिलाया कि अव्यवस्था में भी प्रेम हमें अटूट बनाए रखता है।

और **मेरा पूरा परिवार,**
जिन्होंने मुझे संभाला, मुझे ठीक किया,
और सिखाया कि कोई भी लड़ाई भारी नहीं होती जब कंधे साथ हों।

यह किताब, **आप सबकी है।**

***

प्राक्कथन

नितिन के. ओझा

द्वारा (पूर्व उपाध्यक्ष, कंप्यूटर सोसाइटी ऑफ इंडिया-सूरत, और अध्यक्ष, सूरत मैनेजमेंट एसोसिएशन)

हिनाली द्वारा इतनी ईमानदारी से गढ़ी गई इस पुस्तक के लिए प्राक्कथन लिखना मेरे लिए एक सौभाग्य है।

यह महज़ एक संस्मरण नहीं है, यह शब्दों में उतारी गई एक धड़कन है।

इन पन्नों के भीतर, हम दो भाइयों को देखते हैं जो बीमारी, क्षति और अकल्पनीय संघर्षों के दौरान दोहरे स्तंभों की तरह डटे रहे; अपने परिवार को ऐसे साहस से थामे रखा जिसने बदले में कभी कुछ नहीं माँगा।

इसका हर अध्याय गर्माहट, सच्चाई और एक शांत शक्ति लिए हुए है, जो पढ़ने के बाद देर तक मन में ठहर जाती है।

यह किताब केवल कहानी नहीं सुनाती, यह हमें याद दिलाती है कि प्रेम कैसे जीवित रहता है और परिवार कैसे अटूट बना रहता है।

***

पुस्तक परिचय: दो परछाइयाँ, एक रोशनी

"दो परछाइयाँ, एक रोशनी" उस घर की कहानी है जिसे दौलत ने नहीं, बल्कि प्रेम ने थामे रखा। जब उस घर में संकटों का प्रवेश हुआ, जैसे पक्षाघात (paralysis), कैंसर, अपनों का बिछड़ना और अनिश्चितता, तब दो भाई ऐसे स्तंभों की तरह अटल खड़े रहे जिन्हें कोई तूफ़ान तोड़ नहीं सका।

यह किताब घर की दो औरतो के शांत साहस को, बच्चों के समय से पहले आए समझदार बचपन को, और उस भाईचारे को उजागर करती है जो जीवन की अंतिम आस बन जाता है। यह हमें याद दिलाती है कि जब जीवन में घनघोर अँधेरा छा जाए, तब भी एक रोशनी पीढ़ियों को आगे का रास्ता दिखा सकती है।

***

प्रस्तावना: वह रिश्ता जिसने मुझे बनाया

"कुछ लोग किस्मत से बनते हैं, कुछ विश्वास से। लेकिन सबसे भाग्यशाली वे होते हैं जो प्रेम से बनते हैं, वह शांत प्रेम, अटल प्रेम, जो दिखने की मांग नहीं करता, पर हमेशा तुम्हें थामे रखता है।"

कुछ लोगों को उनके माता-पिता पालते हैं, कुछ को परिस्थितियाँ। मुझे पाला एक रिश्ते ने , मेरे पापा और मेरे बड़े पापा के बीच के उस अटूट, सच्चे और निस्वार्थ बंधन ने।

वे दोनों सगे भाई हैं, लेकिन उनका रिश्ता सिर्फ खून का नहीं है। यह प्रेम का जीवंत उदाहरण है , ऐसा प्रेम जिसमें अहंकार नहीं, ऐसा सहारा जिसमें कोई अपेक्षा नहीं, और ऐसी ताक़त जो कभी दिखावा नहीं करती। उन्होंने कभी नायक बनने की कोशिश नहीं की, लेकिन मेरी नज़रों में वे हमेशा से नायक रहे हैं।

मैं अपने पिता को "पा" कहती हूँ। और उनके बड़े भाई को, जो मेरे लिए हमेशा दूसरे पिता की तरह रहे हैं, "बड़े पापा "। बड़े पापा सभी भाइयो में बड़े हैं, शांत, संयमी, वटवृक्ष जैसे मज़बूत, जिनकी जड़ें सबसे भयंकर तूफ़ान में भी धरती को थामे रखती हैं। पा छोटे हैं , नदी जैसे, जो निरंतर बहती रहती है, हमेशा कुछ करती है, हमेशा कुछ देती है, और जिनकी ऊर्जा कभी ख़त्म नहीं होती।

एक जड़ है, जो थामे रखती है।
एक प्रवाह है, जो आगे बढ़ाता है।
दोनों मिलकर उन्होंने ऐसा रिश्ता बनाया जिसने न केवल मेरी ज़िंदगी को आकार दिया, बल्कि हमारे पूरे परिवार की आत्मा को भी गढ़ा।
उन्होंने मुझे वे बातें सिखाईं जो कोई स्कूल या किताब नहीं सिखा सकती ,
कैसे प्रेम को कर्मों से जताया जाए,
कैसे लड़े बिना टूटे रहा जाए,
और कैसे ऐसे मूल्यों के साथ जिया जाए जो दर्द से भी लंबे टिकते हैं।

यह पुस्तक उनका सफ़र बाँटने का मेरा प्रयास है,
दो साधारण पुरुषों की असाधारण कहानी,
एक परिवार, त्याग और शक्ति की कहानी।
एक ऐसी कहानी जिसे दुनिया को सुनना चाहिए।

क्योंकि आज जहाँ रिश्ते कमज़ोर हो रहे हैं और स्वार्थ को पुरस्कार मिल रहा है,
वहीं मेरे पा और बड़े पापा मुझे, और शायद आपको भी, यह याद दिलाते हैं कि सच्चा प्रेम अब भी मौजूद है,
और उसकी शुरुआत घर से होती है।

तो यह रहा, सिर्फ़ एक कहानी नहीं, बल्कि एक दिल से किया गया समर्पण।
कल्पना नहीं, बल्कि सच्चाई, प्रेम और विरासत का प्रतिबिंब।

एक सम्मान, उस अटूट बंधन को, जिसने मुझे बनाया।

***

अनुक्रमणिका

अध्याय 1: मजबूत जड़ें आराम से नहीं उगती

"क्या आपने कभी सोचा है कि मजबूत जड़ें कैसे बनती हैं? वे आराम की नरम, भुरभुरी मिट्टी में नहीं उगतीं। वे तो संघर्ष की पथरीली जमीन को चीरकर निकलती हैं, सम्मान की अविरल वर्षा से सींची जाती हैं, और मौन सहनशीलता की उस धूप में पकती हैं, जो बाहर से नहीं, भीतर से आती है।"

कल्पना के पंखों पर सवार होकर चलिए मेरे साथ गुजरात की उस जादुई धरती पर, एक ऐसी भूमि जहाँ सुबह का आगमन किसी कोमल, दैवीय संगीत की तरह होता है। जहाँ मंदिरों से आती घंटियों की मधुर गूँज कानों में मिश्री घोलती है, मानो स्वयं ईश्वर आपको एक नए दिन के लिए जगा रहे हों। जहाँ शामें शंख की पवित्र ध्वनि की लय पर धीरे,धीरे उतरती हैं, और अस्त होते सूरज की केसरिया रोशनी पूरे आकाश को भक्ति के रंग में रंग देती है। हवा में घुली हल्दी की तीखी, पवित्र सुगंध और चंदन की शीतल, शांत महक मिलकर एक ऐसी अदृश्य माला गूँथती है, जो हर साँस के साथ आपको ईश्वर के करीब ले जाती है।

मेरे दादा-दादी के तीन बेटे थे, सब के सब साफ़ दिल के; सभी को सब्र, इज़्ज़त और अपनेपन के एक ही रंग में पाला गया था। उनमे से तीसरे, मेरे छोटे चाचा, मेरे दिल के बहुत क़रीब हैं। वो बड़े नरम मिज़ाज, धीमा बोलने वाले और दिल से बेहद प्यार करने वाले इंसान हैं। शादी के बाद वो अपने परिवार के साथ अलग घर में बस गए, लेकिन हमारे रिश्ते में हमेशा वही प्यार और आदर बना रहा। पर वो सफ़र जो मैंने सबसे पास से देखा, जिसके बीच मैं बड़ी हुई, वो मेरे पापा और बड़े पापा का था, क्योंकि हम सालों तक एक ही छत के नीचे रहे। यह किताब उसी कहानी की तस्वीर है जो मैंने हर रोज़ देखी और महसूस की, जबकि परिवार की उस तीसरी अनमोल शाख के लिए भी दिल में उतना ही प्यार है।

इसी पवित्र मिट्टी में, जो सोने,चाँदी से नहीं, बल्कि ज्ञान, संस्कार और अटूट प्रेम के खजाने से लबालब भरी थी, मेरे परिवार की जड़ें गहराई तक समा गईं।

यह कोई राजा,महाराजाओं की कहानी नहीं है। यह उन साधारण लोगों की असाधारण गाथा है, जिन्होंने अपनी सादगी को अपनी शान और अपने संघर्ष को अपनी पहचान बनाया। क्या आप मेरे साथ इस भावुक यात्रा पर चलेंगे? आइए, झाँककर देखें उस दुनिया में, जहाँ हर साँस में एक चुनौती थी, लेकिन हर चुनौती को गले लगाने वाला प्यार उससे कहीं ज़्यादा बड़ा था।

मेरे दादा, ओह, मैं उन्हें क्या कहूँ? वे सिर्फ एक व्यक्ति नहीं, बल्कि चलते, फिरते एक सिद्धांत थे। दुनिया की नजर में वे एक साधारण बैंक क्लर्क थे, जो महीने के अंत में मिलने वाली मामूली तनख्वाह के अंकों को जोड़,घटाकर अपने परिवार का भविष्य सुरक्षित करने की कोशिश करते थे। लेकिन मेरी आँखों में? मेरी आँखों में वे एक ऐसे राजा थे, जिनका सिंहासन उनकी टूटी, फूटी कुर्सी थी और जिनका ताज उनके सिर पर बँधा अनुशासन का अदृश्य फेटा था।

उनकी हर सुबह एक अनुष्ठान की तरह थी। सूरज की पहली किरण जब खिड़की से झाँककर हमारे छोटे से घर को रोशन करती, दादाजी बिस्तर छोड़ चुके होते। उनके दिन की शुरुआत प्रार्थना से होती, एक शांत संवाद जो वे अपने ईश्वर से करते थे। फिर शुरू होती उनकी दिनचर्या की घड़ी,एक ऐसी घड़ी जिसकी सुइयाँ कभी एक पल के लिए भी नहीं रुकती थीं। उनके इस्त्री किए हुए सूती शर्ट, जिनके कॉलर समय के साथ थोड़े घिस गए थे, लेकिन जिन पर कभी एक सिलवट नहीं होती थी। वे एक,एक कर उसके बटन लगाते, जैसे किसी सिपाही को युद्ध पर जाने से पहले अपने कवच को कसना हो। अपनी चमड़े की पुरानी थैली, जिसका स्ट्रैप कई बार टूट चुका था और जिसे दादी ने अपने हाथों से सिला था, उसे वे कंधे पर लटकाते। और फिर, वे अपनी जंग लगी, बूढ़ी साइकिल पर सवार हो जाते।

वह साइकिल... वह सिर्फ एक वाहन नहीं थी, वह हमारे परिवार के संघर्ष की मूक गवाह थी। उसकी हर चरमराती आवाज में एक कहानी छिपी थी। वह दो किलोमीटर का सफर, जो नक्शे पर तो छोटा लगता था, लेकिन हकीकत में वह धैर्य की एक परीक्षा थी। कभी गुजरात के अप्रत्याशित मानसून में वह

रास्ता घुटनों तक कीचड़ और पानी से भर जाता, और दादाजी पैंट को ऊपर चढ़ाकर, साइकिल को खींचते हुए आगे बढ़ते। कभी जून की तपती दुपहरी में जब डामर पिघलने लगता, तो उस आग उगलती सड़क पर पैडल मारना किसी तपस्या से कम नहीं था। लेकिन दादा? वे कभी नहीं रुके। उनकी चाल में न कभी हड़बड़ाहट थी, न कभी थकान। एक शांत, स्थिर गति, जैसे नदी बहती है।

वे अक्सर मुझसे कहते थे, जब मैं छोटी थी और उनकी साइकिल पर आगे बैठकर स्कूल जाती थी, "बेटा, यह सफर सिर्फ बैंक पहुँचकर पैसा कमाने का नहीं है," उनकी आवाज में एक गहरी गंभीरता होती थी, "यह तो हर दिन अपनी जिम्मेदारी को सलाम करने का रास्ता है। जब तुम अपनी जिम्मेदारी का सम्मान करती हो, तो दुनिया तुम्हारा सम्मान करती है।" क्या यह बात दिल की गहराइयों को नहीं छू लेती? उनकी आँखों में उस वक्त जो चमक होती थी।

और अगर दादा घर की नींव थे, तो दादी उस नींव पर खड़ी वह मजबूत दीवार थीं जिसने हर तूफान, हर आँधी से इस परिवार को बचाया। वे घर की असली शेरनी थीं! उनके हाथों में कोई जादू की छड़ी नहीं थी, लेकिन उनमें जादू जरूर था। सुबह की पहली चाय से लेकर रात के आखिरी बर्तन तक, उनका पूरा दिन एक अथक यज्ञ की तरह होता था। जब वे आटा गूँथतीं, तो ऐसा लगता मानो वे सिर्फ रोटी नहीं, बल्कि परिवार के हर सदस्य के लिए प्यार और आशीर्वाद गूँथ रही हों। उनकी उँगलियाँ जब किसी फटे हुए कुर्ते पर चलतीं, तो वे सिर्फ धागे नहीं पिरोती थीं, बल्कि रिश्तों की उधड़ी हुई तुरपाई को भी मजबूती से सिल देती थीं। और जब दोपहर की खामोशी में वे अपने पुराने दुपट्टों पर रंग,बिरंगे धागों से कढ़ाई करतीं, तो वे फूल,पत्तियाँ नहीं, बल्कि परिवार के छोटे,छोटे सपनों को आकार दे रही होती थीं। उन दुपट्टों को बेचकर जो थोड़े,बहुत पैसे मिलते, वे हमारी छोटी,बड़ी जरूरतों के लिए किसी खजाने से कम नहीं थे।

क्या आपने कभी सोचा है कि कैसे एक साधारण सी दिखने वाली महिला, अपने निस्वार्थ प्रेम और अटूट इच्छाशक्ति से एक छोटे से घर को किसी महल से भी ज़्यादा सुरक्षित और सुंदर बना सकती है? दादी वही महिला थीं। वे सिर्फ अपने बेटों की माँ नहीं, उनकी पहली गुरु थीं। वे उन्हें सिखाती थीं, “सम्मान ऊँची आवाज में बोलने से नहीं, बल्कि चुपचाप अपना काम करने से मिलता है। घर में झाड़ू लगाना कोई छोटा काम नहीं है, यह इस बात का सबूत है कि तुम उस धरती से प्यार करते हो जो तुम्हें आश्रय देती है।” उनके घर का नियम था,कोई भी लड़का या मर्द इतना बड़ा नहीं हो सकता था कि वह अपनी थाली खुद उठाकर रसोई में न रखे या माँ के काम में हाथ न बँटाए।

कभी, कभी जब वे अकेली बैठी होतीं, तो उनकी आँखों के कोने भीग जाते। वे उन दिनों को याद करतीं जब बच्चों के लिए नए कपड़े खरीदने के बजाय पुराने कपड़ों में ही पैबंद लगाकर काम चलाना पड़ता था। वे कहती थीं, “मैंने अपने बेटों को कीमती तोहफे या लग्जरी नहीं दी, लेकिन मैंने उन्हें जीवन का वह सार दिया है जो कोई दौलत नहीं खरीद सकती,एक,दूसरे का साथ और हर हाल में खुश रहने का हुनर।” उनकी यह भावना आज भी मेरे सीने में एक पवित्र धरोहर की तरह धड़कती है।

जीवन सचमुच बहुत सादा था, लेकिन यह सादगी कभी बेरंग नहीं हुई। असल में, त्योहारों में तो हमारी यह सादगी ही इंद्रधनुषी रंगों में खिल उठती थी! तब ऐसा लगता था जैसे गरीबी और संघर्ष ने कुछ दिनों के लिए हमारे घर से छुट्टी ले ली हो।

दिवाली... आह, दिवाली की यादें आज भी मेरे मन को रोशन कर देती हैं। हमारे घर में बिजली के झालरों की चकाचौंध नहीं थी। उसकी जगह, मिट्टी के छोटे,छोटे दीये पूरी लगन से कतार में खड़े होकर हमारे छज्जे की शोभा बढ़ाते थे। जब दादी और हम सब मिलकर उनमें तेल और बाती डालते, और एक,एक कर उन्हें जलाते, तो उनकी काँपती हुई लौ में एक अजीब सी पवित्रता और शांति होती थी। ऐसा लगता, मानो आकाश के सारे तारे आज रात हमारे आँगन में उतर आए हों। घर में बने बेसन के लड्डू की सुगंध पूरे

मोहल्ले में फैल जाती। वह एक,एक लड्डू जो पड़ोसियों के घर भेजा जाता था, वह सिर्फ मिठाई का टुकड़ा नहीं, बल्कि प्यार और अपनेपन का एक मौन निमंत्रण होता था। और जब पड़ोसी भी अपनी थाली सजाकर लाते, तो उस आदान,प्रदान का पल,ओह, वह पल कितना भावुक, कितना अनमोल होता! उसमें एक अहसास था कि हम अकेले नहीं हैं, हम सब एक बड़ा परिवार हैं।

और उत्तरायण! मकर संक्रांति का वह दिन तो जैसे आकाश में सपनों को उड़ाने का दिन था। हमारी छत, जो बाकी के 364 दिन कपड़े सुखाने के काम आती थी, उस एक दिन के लिए एक युद्ध का मैदान बन जाती थी। बड़े पापा (मेरे बड़े पापा), जो स्वभाव से शांत और गंभीर थे, उनकी आँखों में उस दिन एक अजीब सा धैर्य और रणनीति झलकती थी। वे पतंग की डोर को बहुत सलीके से पकड़ते, हवा के रुख को समझते और फिर अपनी पतंग को आसमान की ऊँचाइयों पर भेज देते। जबकि मेरे पा (पापा), हमेशा की तरह ऊर्जा और उत्साह से भरे हुए, जोर,जोर से चिल्लाते, "लपेट... खींच... जाने मत दे... काट दिया, जीत गए!" और उनकी वह विजयी हँसी पूरे छत पर गूँज जाती। उस दिन हम सब मिलकर तिल के लड्डू और ऊँधियू खाते, और आसमान में उड़ती रंग,बिरंगी पतंगों को देखकर ऐसा लगता, जैसे हमारी सारी चिंताएँ और मुश्किलें भी उन्हीं पतंगों के साथ कटकर कहीं दूर चली गई हैं।

मेरे पा और बड़े पापा का बचपन,यह एक ऐसी कहानी है जिसे मैं जितनी बार सुनती हूँ, मेरा दिल हर बार गुदगुदाने लगता है। यह दो ऐसे भाइयों की कहानी थी जो शरीर से दो थे, लेकिन जिनकी आत्मा एक थी।

वे धूल भरी गलियों में नंगे पाँव दौड़ते हुए स्कूल जाते थे। स्कूल का रास्ता कोई आसान नहीं था, लेकिन उनके लिए वह एक रोमांचक कार्यक्रम की तरह था। धूल उनके पैरों से ऐसे लिपट जाती, जैसे धरती माँ उन्हें आशीर्वाद दे रही हो। उनके पास दिखावटी स्कूल बैग नहीं थे, बस एक कपड़े का थैला था जिसमें एक,दो किताबें और एक स्लेट होती थी। लेकिन उनके चेहरों पर जो मुस्कान थी, वह किसी भी महँगे खिलौने से ज़्यादा कीमती थी।

शामें उनके लिए सबसे खूबसूरत होती थीं। घर में बिजली नहीं थी, इसलिए एक छोटी सी लालटेन की पीली, काँपती रोशनी में पूरा परिवार एक साथ बैठता था। उस रोशनी में दादी उन्हें रामायण, महाभारत और पंचतंत्र की कहानियाँ सुनाती थीं। उनकी आवाज में एक ऐसा जादू था कि सारे पात्र आँखों के सामने जीवंत हो उठते थे। पा, जो स्वभाव से चंचल और जिज्ञासु थे, हमेशा सवालों की झड़ी लगा देते, "दादी, हनुमानजी ने पूरा पहाड़ कैसे उठा लिया? दादी, यह वाला राजा उस दुष्ट राक्षस से कैसे जीता?" उनके बचकाने सवालों पर सब हँस पड़ते। लेकिन बड़े पापा , जो हमेशा से शांत और शर्मीले थे, चुपचाप अपनी स्लेट पर उन कहानियों के पात्रों के स्केच बनाते रहते। ऐसा लगता, जैसे वे सिर्फ कहानी नहीं सुन रहे थे, बल्कि उसके हर भाव, हर चरित्र को अपनी आत्मा में उतार रहे थे।

दादा की बातें उनके लिए किसी वेद,वाक्य की तरह थीं। वे कहते, "बच्चों, सच्ची दौलत तुम्हारे बैंक के खाते में नहीं, तुम्हारे चरित्र में होती है। सच्ची दौलत वह है जिसके बिना भी तुम खुशी,खुशी रह सको।" इन शब्दों ने उन्हें उस उम्र में ही इतना अमीर बना दिया था, जिसकी बराबरी कोई नहीं कर सकता था, भले ही उनकी स्कूल की यूनिफॉर्म सेकंड,हैंड क्यों न हो।

गर्मियों की रातों में जब नीचे गर्मी असहनीय हो जाती, तो पूरा परिवार छत पर बिस्तर लगाता। वे दोनों भाई तारों से भरे खुले आसमान के नीचे लेटकर अपने भविष्य के सपने बुनते।

फिर अवस्था ने उनके जीवन में दस्तक दी, जैसे कोई शांत नदी में अचानक आया रहस्यमयी तूफान। यह वह उम्र थी जब सपने पंख फैलाकर उड़ना चाहते थे, लेकिन हकीकत की जंजीरें उन्हें जमीन पर खींचे हुए थीं।

दसवीं की परीक्षा अच्छे नंबरों से पास करने के बाद, सपनों ने जोर,शोर से सिर उठाया। बड़े पापा की आँखों में एक अलग ही चमक थी। वे हमेशा से मशीनों और इमारतों के नक्शों में खोए रहते थे। उनके लिए इंजीनियरिंग सिर्फ एक करियर नहीं, एक जुनून था। उन्होंने घर में जब अपनी इच्छा बताई, तो

एक पल के लिए खामोशी छा गई। दादाजी की आँखों में अपने बड़े बेटे के सपने को पूरा करने की तीव्र इच्छा थी, लेकिन उनकी जेब की तंगी एक क्रूर सच्चाई बनकर सामने खड़ी थी। इंजीनियरिंग की पढ़ाई का खर्च उनके बस से बाहर था।

बड़े पापा ने बिना एक शब्द कहे, बिना एक आँसू बहाए, अपने सबसे बड़े सपने को अपने ही हाथों से तोड़ दिया। अगले दिन उन्होंने खुद दादाजी से कहा, "मैं कॉमर्स ले लूँगा। उसमें खर्च कम है।" क्या आप उस बलिदान की गहराई को महसूस कर सकते हैं? अपनी खुशी से पहले परिवार की जरूरत को रखना,यही तो मेरे परिवार की असली पहचान थी।

पा, जो अपने बड़े भाई को अपनी प्रेरणा मानते थे, एक पल के लिए भी नहीं हिचकिचाए। उन्होंने कहा, "अगर भाई कॉमर्स लेंगे, तो मैं भी वही लूँगा।" और इस तरह, दोनों भाई एक ही रास्ते पर चल पड़े।

कॉलेज के दिन तो जैसे उनके साहस और सहनशक्ति की रोज की परीक्षा थे। घर से कॉलेज दूर था, और बस का किराया बचाने के लिए वे अक्सर कई किलोमीटर पैदल चलते। जब बस में चढ़ते भी, तो बैठने की जगह कभी नहीं मिलती थी। भीड़ में लटककर, एक,दूसरे को सँभालते हुए वे सफर करते। उनके टिफिन में कोई फैंसी खाना नहीं होता था, बस माँ के हाथ की बनी दो सूखी रोटियाँ और अचार। लेकिन वे उसे भी इस तरह बाँटकर खाते, जैसे दुनिया की सबसे स्वादिष्ट दावत हो।

अपनी शिक्षा पूरी करने के बाद, दोनों भाइयों ने उसी विनम्रता के साथ ज़िम्मेदारियों की दुनिया में कदम रखा, जिसके साथ वे बड़े हुए थे। मेरे पा ने एक स्कूल में कैटरिंग मैनेजर के रूप में काम करना शुरू किया, जहाँ वे सिर्फ़ भोजन ही नहीं परोसते थे, बल्कि सैकड़ों बच्चों को उसी स्नेह से पोषित करते थे, जैसा अपने बच्चों को करते थे। और बड़े पापा ने एक अकाउंटेंट के रूप में अपनी जगह बनाई, जहाँ उनकी तेज़ सोच और स्थिर अनुशासन उस दफ़्तर की रीढ़ बन गए जिसमें वे काम करते थे। इनमें से कोई भी नौकरी चमक-दमक

वाली नहीं थी, पर दोनों ही सम्मानजनक थीं। उन्होंने अपने दायित्वों को गर्व से निभाया, यह साबित करते हुए कि सफलता पदवी में नहीं होती, बल्कि उस ईमानदारी में होती है जिससे आप अपना काम करते हैं, और उन ज़िंदगियों में होती है जिन्हें आप अपनी राह में छूते हैं।

दोनों भाइयों की कमाई मिलकर अब घर में थोड़ी राहत लाने लगी थी। और फिर, उन्होंने अपने जीवन का सबसे बड़ा सपना पूरा किया,एक अपना घर! एक छोटा सा १BHK फ्लैट, जो उनके लिए किसी महल से कम नहीं था। जिस दिन गृह प्रवेश हुआ, वह दिन हमारे परिवार के इतिहास में सुनहरे अक्षरों में लिखा गया है। दादाजी ने काँपते हाथों से मुख्य द्वार पर दीया जलाया और उनकी आँखों से खुशी के आँसू बह निकले। उन्होंने कहा, "भगवान करे, इस घर की यह रोशनी कभी न बुझे। यह सिर्फ ईंट,पत्थरों का मकान नहीं, यह हमारी मेहनत और एकता का मंदिर है।"

और फिर, १९९७ का वह साल आया जब घर की रौनक दोगुनी हो गई। दो भाइयों की शादी दो सगी बहनों से हुई। मेरी माँ और मेरी बड़ी माँ जब इस घर में दुल्हन बनकर आईं, तो यह फ्लैट सचमुच एक 'घर' बन गया। जगह छोटी थी, दिल बहुत बड़े थे। शुरुआती दिनों में, मेरी दोनों माएँ और पापा लोग बिना किसी शिकायत के किचन में कंबल बिछाकर सो जाते। उन रातों में असुविधा तो थी, लेकिन उससे कहीं ज़्यादा प्यार, अपनापन और ठहाकों की गूँज थी।

घर में हँसी,मजाक का माहौल हमेशा बना रहता था, और इसके सबसे बड़े सूत्रधार थे मेरे पा। उनके छोटे,छोटे मजाक और शरारतें तनाव को कभी घर में टिकने ही नहीं देते थे। मुझे आज भी वह किस्सा याद है जब पा गलती से अपनी चाबी फ्रिज में रखकर भूल गए और पूरा घर उसे ढूँढ़,ढूँढ़कर परेशान हो गया। जब चाबी मिली, तो सब हँस-हँसकर पागल हो गए!

मेरी माएँ,मेरी बड़ी माँ की शांत, स्थिर प्रकृति और मेरी माँ की कोमल, देखभाल करने वाली आदत,इन दोनों ने मिलकर घर को एक अटूट किले में

बदल दिया। दोनों के बीच कभी कोई प्रतिस्पर्धा नहीं थी, सिर्फ सहयोग और गहरा प्रेम था। एक बार गलती से माँ ने चाय में शक्कर की जगह नमक डाल दिया। जब सबने चाय पी, तो अजीब से मुँह बनाए। इससे पहले कि माँ शर्मिंदा होतीं, पा ने तुरंत माहौल को हल्का करते हुए एक जोक मारा, "अरे वाह! आज तो चाय भी सोमवार का व्रत कर रही है, नमक वाली चाय!" और इस बात पर सब इतना हँसे कि चाय का स्वाद ही भूल गए।

बड़े पापा का अनुशासन और पा की शरारत, बड़ी माँ की शांति और माँ की ममता,इन चारों ने मिलकर इस घर को एक ऐसा परिवार बनाया, जो हर किसी के लिए एक मिसाल था।

और फिर, एक शुभ राम नवमी के दिन, इस घर के आँगन में मैं आई,उन सबकी प्रार्थनाओं का साकार रूप, उनका प्रार्थित फूल। मेरे आने से घर की खुशियाँ जैसे अनंत हो गई। मैं सिर्फ एक बच्ची नहीं थी, मैं उन चार स्तंभों के प्यार का प्रतीक थी।

मेरा बचपन किसी परी कथा से कम नहीं था। मुझे कभी किसी एक माँ का नहीं, बल्कि दो,दो माँओं का प्यार मिला। पा की बाइक पर बैठकर हवा से बातें करना मेरी सबसे पसंदीदा यादों में से एक है। बड़े पापा जब भी ऑफिस से आते, तो उनकी जेब में मेरे लिए एक चॉकलेट जरूर होती थी। दादा,दादी की गोद में बैठकर कहानियाँ सुनना मेरे दिन का सबसे खूबसूरत हिस्सा था। उन कहानियों, उस प्यार, उस अपनेपन ने ही मुझे आकार दिया, मेरे व्यक्तित्व को गढ़ा।

दादी अक्सर मेरे बालों में तेल लगाते हुए कहती थीं, "बच्ची, याद रखना, ताकत चिल्लाने में नहीं, मौन में होती है। जो सहना सीख जाता है, उसे कोई नहीं हरा सकता।" उनकी यह बात तब मुझे समझ नहीं आती थी, लेकिन आज जब मैं जिंदगी की चुनौतियों का सामना करती हूँ, तो उनके ये शब्द मेरे कानों में गूँजते हैं, और मेरी आँखों से आँसू बह निकलते हैं,शुक्रगुज़ारी के आँसू।

मैंने अपने परिवार से एक अनमोल विरासत पाई है,वह प्यार जो शिकायत नहीं करता, बल्कि समायोजित करता है; वह बलिदान जो ढिंढोरा नहीं पीटता, बल्कि चुपचाप किया जाता है; और वह एकता जो किसी भी तूफान के सामने चट्टान की तरह खड़ी रहती है। मैंने अपनी आँखों से उन खंभों को देखा है, जो हमारे सपनों का बोझ उठाते,उठाते शायद थक गए होंगे, लेकिन उन्होंने कभी अपनी थकान जाहिर नहीं की।

आज, जब मैं यह सब लिख रही हूँ, तो मेरा दिल शुक्रगुज़ारी और गर्व से भरा हुआ है। यह सिर्फ मेरे परिवार की कहानी नहीं है। यह उन लाखों भारतीय परिवारों की कहानी है, जिनकी नींव त्याग, प्रेम और अटूट विश्वास पर रखी है। यह उनकी कहानी है, जो मुझे हर दिन आगे बढ़ने, और एक बेहतर इंसान बनने की प्रेरणा देती है।

***

अध्याय 2: प्यार से बुना एक घर

“कुछ घर ईंटों से बने होते हैं। हमारा घर त्यागों से बना, प्रेम के धागों से बुना गया, और दो भाइयों की एकजुटता की ताकत से खड़ा था, जिन्होंने सब कुछ छोड़कर एकता को चुना।”

इस दुनिया ने मुझे निःस्वार्थ प्रेम का मतलब सिखाया, उससे पहले ही मैं उस प्यार के बीच जी रही थी। मुझे किताबों, मंदिरों या भाषणों में उदाहरण ढूंढ़ने की ज़रूरत नहीं थी, मेरा घर ही संपन्न था। मैं एक असाधारण परिवार में जन्मी थी, न तो धन या विशेषाधिकार की वजह से, बल्कि एक ऐसी चीज़ के कारण जो कहीं और आसानी से नहीं मिलती: वह अटूट साथ, वह एकता, जिसे कोई झुका नहीं सकता था।

मेरी कहानी कभी केवल मेरी नहीं रही। यह दो भाइयों, पापा और बड़े पापा पा, की भी है, जो अलग,अलग व्यक्ति नहीं, बल्कि एक ही धड़कन की तरह जीते थे यह दो बहनों, माँ और बड़ी माँ, की भी है, जिन्होंने समान शक्ति से पालन,पोषण किया, भले ही ज़िंदगी ने उन्हें अलग,अलग परीक्षाओं में डाला हो। यह तीन बच्चों, मेरे भाई, मेरी बहन और मैं, जो एक ही छत के नीचे पले,बढ़े, खून के रिश्तों से नहीं, बल्कि अनंत प्रेम से जुड़े हुए।

“परिवार की पहचान केवल जन्म देने से नहीं होती, बल्कि उससे होती है जो कभी आपको अकेला महसूस नहीं होने देता।”

बड़ी माँ हमारे घर की चुपचाप खड़ी एक मजबूत खंभा थीं। उनकी कहानी की शुरुआत एक ऐसे ज़ख्म से हुई जिसे दुनिया देख नहीं सकती थी, एक मिसकैरेज, एक मौन तूफ़ान जिसने उनके दिल को तोड़ दिया और उनके हाथों को खाली छोड़ दिया। कई महिलाएँ ऐसी हानि के बाद दुःख में डूब जाती हैं, लेकिन बड़ी माँ ने अपने दर्द को गरिमा के साथ सहा। उन्होंने उस खालीपन को प्रेम के समुद्र में बदल दिया और उसे मुझमें ढाल दिया।

जब मेरी माँ बच्चों को उनके पाठ पढ़ाने में घंटों व्यतीत करती थीं, तब रोज़मर्रा की देखभाल और पालन,पोषण का काम बड़ी माँ करती थीं। उन्होंने अपने हाथों से मुझे खिलाया, अपने माथे पर फुसफुसाती लोरी से मुझे सुलाया, और मेरी हर मुस्कान को ऐसे मनाया जैसे वह कोई बड़ा त्योहार हो। उन्होंने कभी मुझे यह महसूस नहीं होने दिया कि मैं उनकी नहीं हूँ। दुनिया के लिए वह मेरी चाची थीं, लेकिन मेरे लिए वह एक और माँ थीं, कभी,कभी मेरी पहली और सबसे सुरक्षित शरण।

पाँच साल बाद, तक़दीर ने हम पर चमत्कारों की जोड़ी बरसाई। मेरी दोनों माताएँ एक साथ गर्भवती हुईं। उसी साल, बड़ी माँ की आँखों में हँसी लौट आई। वह अपनी बच्ची को गोद में थामे थीं, जबकि मेरी माँ ने मेरे छोटे भाई को अपने आँचल में लपेट रखा था। अचानक, हम ऐसे तीन बच्चे बन गए, जो सिर्फ़ रिश्तों से नहीं, बल्कि कुछ गहरा साझा करने वाली आत्मा के बंधन से जुड़े थे।

हमारा बचपन सबसे शुद्ध रंगों से रंगा हुआ था। किसी के बच्चे का "कौन" होना मायने नहीं रखता था। अगर रात में कोई रोता, तो दोनों माताएँ दौड़कर उसे तसल्ली देतीं। अगर कोई बीमार पड़ता, तो दोनों पिता उसके बिस्तर के पास जागते रहते। हमारे घर में प्रेम के लिए कोई कमरे, कोई लेबल या कोई सीमा नहीं थी। हम बस थे, तीन बच्चे, दो माताएँ, दो पिता और हमारे दादा,दादी, सब एक ही लय में साँस ले रहे थे।

बड़े पापा हमारे जीवन का लंगर थे। हर शाम, वह हमें मंदिर ले जाते। यह कभी रस्मों या जटिल मंत्रों के बारे में नहीं था। यह केवल मौजूदगी का एहसास था। उस शांत आँगन में खड़े होकर, जहाँ धूप की मिठास और अगरबत्तियों की खुशबू हवा में घुलती थी और झंकार की आवाज़ धीरे,धीरे गूँजती थी, उन्होंने बिना बोले ही हमें सबक सिखाए। स्थिर रहने का, सम्मान दिखाने का, और मौन में आभार व्यक्त करने का। उन्होंने हमें दिखाया कि पिता होने का मतलब उपहार या बड़े,बड़े उद्घोष नहीं है, बल्कि यह रोज़ रोज़ दिखाई देने वाला, स्थिर प्रेम है।

"उन्होंने हमें केवल प्रार्थनाएँ नहीं सिखाईं, उन्होंने हमें प्रार्थना में ले चलना सिखाया।"

पापा, दूसरी ओर, चलती,फिरती मोहब्बत थे। उनका स्नेह ज़्यादा ज़ोरदार, नरम और खेल,खिलाड़ वाला था। उन्होंने हमें मिठाइयों से लाड़ प्यार किया, हमें अपने कंधों पर उठाया, और हर नादान मांग को हाँ कहा। चाहे वह सड़क के ठेले से गुब्बारा हो, पास के मेले की सैर हो, या खाने में एक अधिक आम का टुकड़ा, पापा ने कभी इंकार नहीं किया। उनकी खुशी हमारी खुशी में बसती थी।

एक ऐसी दुनिया में, जहाँ अक्सर पिता अपनी भावनाओं की रक्षा करते हैं, मेरे पिता ने अपने दिल की भावनाएँ बिना हिचकिचाहट, बिना डर, खुलकर दीं।

"दुनिया के लिए, वह बस एक आदमी थे। हमारे लिए, वह जादू थे। उन्होंने सिर्फ हमें नहीं पाला, उन्होंने हमारा बचपन सपनों जैसा महसूस कराया।"

हमारे घर में सप्ताह का अंत महत्त्वपूर्ण होते थे। चाहे पापा और बड़े पापा काम से कितने भी थके हुए हों, शनिवार और रविवार केवल परिवार के लिए ही होते थे। कभी यह पार्क में सैर होती, तो कभी भीड़ भरे थिएटर में फ़िल्म देखने का मज़ा, जहाँ पॉपकॉर्न की खुशबू और कहानी की रोमांचक लहरें हवा में घुल जाती थीं। कभी,कभी तो बस सड़क के किनारे बेंच पर बैठकर पानी पूरी खाना ही पर्याप्त होता, हँसी से पेट में दर्द होने तक। जगहें मायने नहीं रखती थीं। मायने सिर्फ़ साथ होने का एहसास था। वे सप्ताहांत हमारी यादों में तस्वीरों की तरह बस गए, ऐसे फ्रेम जिन्हें हम आज भी तब देखते हैं जब ज़िंदगी का बोझ बहुत भारी लगता है।

क्रिसमस हमारा सबसे प्रिय त्योहार था। हम ईसाई नहीं थे, पर हम खुशी में यकीन रखने वाले थे। हर साल, हमारा परिवार अपने सबसे चमकीले कपड़े पहनता और तारों तथा घंटियों से सजी सड़कों पर चलता। हवा में प्लम केक और भुने हुए मेवों की खुशबू तैरती थी। हम हँसते थे, खाते थे, टिमटिमाती

रोशनी में तस्वीरें खींचते थे। हमारे लिए, क्रिसमस कभी धर्म नहीं था,यह परिवार था, यह सीखने का एक तरीका था कि जहाँ भी खुशी मिले, उसे कैसे मनाया जाए।

“कुछ सबसे अमीर बच्चे वे होते हैं जिन्हें समान रूप से प्यार किया गया, वे क्या थे इसके लिए नहीं, बल्कि वे कौन थे इसके लिए।”

हमारे दादा-दादी उस प्रेम,वृक्ष की जड़ें थे जिन्होंने उसे स्थिर रखा। दादाजी का अनुशासन, दादीजी का धैर्य, उनका शांत आशीर्वाद,यही हमारे जीवन का पृष्ठभूमि संगीत था। वे ज़्यादा नहीं बोलते थे, पर उन्होंने हमें सब कुछ दिखाया। अपने कर्मों से, उन्होंने हमें वे मूल्य सौंपे जो किसी बाज़ार में नहीं खरीदे जा सकते: लचीलापन, कृतज्ञता और विनम्रता।

इन सब के केंद्र में थे पा और बड़े पापा । दो भाई, जिन्होंने बँटने की सनक वाली दुनिया में, एक होना चुना। आज के समय में, परिवार पैसे, जगह और अहंकार पर झगड़ते हैं। लेकिन इन दोनों पुरुषों ने सब कुछ साझा किया,सपने, ज़िम्मेदारियाँ, बोझ और खुशियाँ,कभी हिसाब रखे बिना। उन्होंने हमें दिखाया कि सच्ची भाईचारा सिर्फ खून से नहीं मापा जाता, बल्कि इससे मापा जाता है कि आप एक,दूसरे का बोझ उठाने के लिए कितने तैयार हैं।

“भाईचारा यह कहने में नहीं है, 'मैं तुम्हारे साथ हूँ।' यह साबित करने में है, 'मैं तुम्हें कभी अकेला खड़ा नहीं होने दूँगा।'”

मुझे याद है, एक गर्मी में जब असहनीय गर्मी थी और बिजली बार,बार कटती थी। हमारा छोटा सा फ्लैट भट्टी बन जाता था। रातें बेचैन थीं, पसीना पीठ से चिपकता था, पंखे अंधेरे में शांत थे। हमारे आस,पास के कई परिवार असुविधा से निराश होकर झगड़ते थे। लेकिन हमारे घर में, पा और बड़े पापा ने इसे एक साहसिक यात्रा में बदल दिया। वे रजाईयाँ छत पर ले गए, उन्हें खुले आसमान के नीचे फैला दिया, और हमें बताया कि हम कैम्पिंग कर रहे हैं।

कई शामें ऐसी थीं जब हमारा छोटा सा १BHK दुनिया का सबसे बड़ा मंच लगता था। हम तीनों बच्चे बैठक में अचानक "शो" करते थे। एक प्लास्टिक का स्टूल हमारा मंच बन जाता था, कंधों पर बाँधा गया दुपट्टा पोशाक बन जाता था, और रसोई से स्टील की प्लेटों की खनखनाहट संगीत बन जाती थी। मेरा भाई ज़ोर से गाता था, मेरी बहन टीवी पर देखी नायिकाओं की तरह नाचने की कोशिश करती थी, और मैं एक स्व,नियुक्त उद्घोषक की तरह बोलती थी। हमारे दर्शक,पा, बड़े पापा , माँ, बड़ी माँ, और दादा,दादी,ऐसे ताली बजाते थे जैसे हम हज़ारों के सामने प्रदर्शन कर रहे हों। उन्हें हमारी नादानी नहीं दिखती थी; उन्हें हमारी भावना दिखती थी।

यही हमारे घर का रहस्य था: साधारण पल असाधारण हो जाते थे क्योंकि वे साझा किए जाते थे।

“खुशी को बढ़ने के लिए दौलत की ज़रूरत नहीं होती। उसे बस ऐसे लोग चाहिए जो उसे सींचना जानते हों।”

वे त्योहार भी, जिन्हें हम शान,ओ,शौकत से नहीं मना सकते थे, एकता की अमीरी से मनाए जाते थे। रक्षा बंधन पर, मेरी बहन ने मेरे भाई और मुझे राखी बाँधी, और फिर, एक दुर्लभ और कोमल मोड़ पर, हमने दादाजी को भी राखी बाँधी। वे हँसे, पर मुझे आज भी उनकी आँखों की कोमलता याद है जब हमने घोषित किया, "आप भी हमारी भाइयों की तरह रक्षा करते हैं।" उस पल में, परंपरा फिर से लिखी गई,रक्षा लिंग या अनुष्ठान से बंधी नहीं थी, वह प्रेम से बंधी थी।

हमारे घर में संघर्ष नहीं थे, ऐसा नहीं था, पर हर कठिनाई को साथ ने नरम कर दिया था। एक मानसून की शाम मुझे आज भी याद है जब बालकनी से पानी रिसने लगा था। नाला जाम हो गया था, और बारिश पहले से कहीं ज़्यादा तेज़ हो रही थी। घबराने के बजाय, पा और बड़े पापा ने इसे एक पारिवारिक मिशन में बदल दिया। बाल्टियों, मगों और तौलियों के साथ, हर कोई जुट गया,यहाँ तक कि हम बच्चे भी, पानी के छोटे कप बाथरूम तक ले जाकर

बाहर फेंकते थे। आख़िर में, हमारे कपड़े भीगे हुए थे, बाल चेहरे से चिपके थे, पर हँसी दीवारों से टकरा रही थी। बाहर के तूफ़ान की अंदर की गरमाहट पर कोई शक्ति नहीं थी।

"जो परिवार तूफ़ानों से एक साथ लड़ते हैं, वे कभी डूबते नहीं।"

रविवारों में एक ख़ास जादू होता था। हमारी सुबह माँ की मसाला चाय और पास की मिठाई की दुकान से जलेबियों की हल्की सी आवाज़ के साथ शुरू होती थी। पा ज़्यादा खरीदने पर ज़ोर देते, यह दिखाते कि यह मेहमानों के लिए है, हालाँकि हर कोई जानता था कि यह हमें खिलाने का उनका बहाना था। नाश्ते के बाद, हम कैरम के साथ ज़मीन पर इकट्ठा होते थे।

पा ने, इस बीच, हमारे दिनों के हर कोने को हास्य से भरने का एक तरीक़ा खोजा था। एक बार, जब मेरे भाई और मैंने सब्ज़ियाँ खाने से मना कर दिया, तो पा ने घोषणा की कि उनके पास एक गुप्त नुस्खा है जो हमें पहलवानों जैसा मज़बूत बना देगा। उन्होंने दाल को एक जादुई दवा की तरह चम्मच से घुमाया, नमक को कलात्मक ढंग से छिड़का, और यहाँ तक कि एक जादूगर की तरह उससे फुसफुसाए। जब उन्होंने इसे परोसा, तो हमने आँखें फाड़कर, जादू में विश्वास करते हुए खाया। सालों बाद, जब मैंने उनसे पूछा कि उन्होंने ऐसा क्यों किया, तो उन्होंने हँसते हुए कहा, "क्योंकि बच्चों को खिलाने के लिए प्रेम चाहिए, तर्क नहीं।"

प्रेम हमारे परिवार की सबसे बड़ी विरासत बन गया। हमने इसे उपदेशों से नहीं, बल्कि दैनिक अभ्यास से सीखा। जिस तरह माँ दिवाली के लिए हमें नए कपड़े दिलाने के लिए एक छोटे स्टील के डिब्बे में सिक्के बचाती थी। जिस तरह बड़ी माँ स्कूल की वर्दी सिलने के लिए जागती थी ताकि हम अमीर बच्चों जितने ही साफ़,सुथरे दिखें।

"हमारी दौलत कभी अलमारियों में जमा नहीं हुई। यह हमारी आदतों में रहती थी।"

हर दिसंबर में, जब साल ख़त्म होने को होता था, तो पा की एक परंपरा थी। वह हम सबको बैठक में इकट्ठा करते, लाइट बंद कर देते, और एक अकेली मोमबत्ती जलाते। उस हल्की रोशनी में, वह हमसे पूछते कि साल का हमारा सबसे खुशहाल पल क्या था। हममें से हर कोई बारी,बारी से जवाब देता,कभी कोई नया खिलौना, कभी पिकनिक, कभी बस हँसते हुए बिताया गया एक दिन। पा तब कहते, "यह याद रखना,खुशी बड़ी चीज़ों का इंतज़ार नहीं करती। यह छोटी,छोटी चिंगारियों में रहती है।" अंधेरे में उस अकेली मोमबत्ती ने हमें सबसे छोटी रोशनी को भी नोटिस करना सिखाया।

एक सर्दी में, जब पैसा ख़ास तौर पर तंग था, तो नए कंबल पहुँच से बाहर थे। ठंड दीवारों की दरारों से रिसकर हमारे पैर के अँगूठों को काट रही थी। उस रात, बड़े पापा ने चुपचाप अपनी कंबल हम बच्चों पर फैला दी और दिखावा किया कि उन्हें ठंड नहीं लग रही है। हमें यह सिर्फ़ आधी रात को पता चला जब वह काँपे पर मुस्कुराए, फुसफुसाते हुए कहा, “जब तक तुम गर्म सोते हो, मेरा दिल भी गर्म रहता है।”

“बलिदान प्रेम की मौन भाषा है। यह सबसे ऊँचा तब बोलती है जब कोई नहीं देख रहा होता।”

स्कूल के दिन अपनी कहानियाँ लाए, छोटी पर अविस्मरणीय। हमारी सुबहें अक्सर अफ़रा,तफ़री की कॉमेडी होती थीं। एक बेडरूम वाले घर में तीन बच्चों का तैयार होना आसान काम नहीं था। कंघों, जुराबों और पानी की बोतलों को लेकर अंतहीन झगड़े होते थे। हममें से कोई न कोई हमेशा होमवर्क भूल जाता था, दूसरा ज्योमेट्री बॉक्स कहीं रख देता था, और पा टिफिन बॉक्स लेकर हमारे पीछे भागते थे, चिल्लाते थे, "कम से कम खाना तो ले लो, वरना टीचर मुझे भी डाँटेंगी!" जब तक हम निकलते थे, हमारा शोरगुल पूरे मोहल्ले को हमारा रूटीन बता देता था।

लेकिन इस आपाधापी के बावजूद, हमारे माता,पिता और दादा,दादी ने हमें आशीर्वाद दिए बिना कभी नहीं जाने दिया। बड़ी माँ हमारे माथे पर कुमकुम

का एक छोटा सा टीका लगाती थीं, फुसफुसाती थीं, "जाओ और चमको, मेरे सितारों।" मेरी दादी परीक्षा के दिनों में हमारे मुँह में एक चम्मच शक्कर और दही डालती थीं, और पा, एक मुस्कान के साथ, कहते थे, "नंबरों की चिंता मत करो। बस यह सुनिश्चित करो कि तुम्हारा दिल ईमानदार हो।" वह पंक्ति मेरे साथ हमेशा रही,नंबर फीके पड़ जाते हैं, पर ईमानदारी जीवन बनाती है।

"बच्चे सिर्फ़ यह याद नहीं रखते कि आप उन्हें क्या सिखाते हैं। वे याद रखते हैं कि सीखते समय आप उन्हें कितना सुरक्षित महसूस कराते हैं।"

पा और बड़े पापा ने कभी उन तूफ़ानों को हम तक पहुँचने नहीं दिया। अगर पैसा कम होता था, तो वे अपनी ज़रूरतें कम करते थे,हमारी नहीं। अगर तनाव बढ़ता था, तो वे खाने की मेज़ तक पहुँचने से पहले उसे हँसी से घोल देते थे। यह उनका मौन उपहार था: हमारी मासूमियत की रक्षा करना, तब भी जब उनके अपने कंधों पर बोझ था।

"जो माता-पिता अपने बच्चों को दर्द से बचाते हैं, वे उन्हें बचपन देते हैं। जो माता-पिता उन्हें इसका सामना करना सिखाते हैं, वे उन्हें जीवन देते हैं।"

आज, जब मैं पीछे मुड़कर देखता हूँ, तो मुझे एहसास होता है कि हम कभी सिर्फ दिन नहीं जी रहे थे,हम लचीलेपन, हास्य और विश्वास के अध्याय लिख रहे थे। हर छोटा कार्य खेल के रूप में छिपा हुआ एक पाठ था। हर साझा भोजन रूटीन में छिपी हुई बलिदान की कहानी थी। हर हँसी कठिनाई की अवहेलना थी।

और जैसे ही मैं इन यादों को लिखता हूँ, मैं आज भी इसे महसूस कर सकता हूँ,जिस तरह हमारा छोटा सा १BHK एक ही धड़कन की तरह धड़कता था। हाँ, यह भीड़ भरा था, पर कभी घुटन भरा नहीं था। यह आकार में छोटा था, पर आत्मा में विशाल था।

यह अध्याय केवल मेरी याद नहीं है। यह एक आईना है जो उस दुनिया को दिखाया गया है जो भूल गई है कि असली परिवार का मतलब क्या होता है।

और इसलिए, मैं इस अध्याय को एक कविता के साथ समाप्त करता हूँ,एक प्रार्थना, वास्तव में, हर उस परिवार के लिए जो अपनी धड़कन को फिर से खोज रहा है:

पत्थर से न बनी, सोने से न सजी,
हमारा घर एक कहानी थी, चुपचाप बजी।
त्याग की छत, स्नेह की दीवारें,
इतनी अटूट मोहब्बत, जो भर दे हर आँगन और द्वारें।

हाथ जो काम करें, पर कभी शिकवा न करें,
दिल जो दें सब कुछ, पर खुद खाली न रहें।
दो भाई, एक बंधन, लोहे से भी मजबूत,
दो बहनें, जिन्होंने सिखाया घावों का इलाज और सुकून।

कमी में भी हँसी, निराशा में भी उम्मीद,
छाया में भी खुशी की एक छोटी सी रोशनी।
तीन बच्चे जो बड़े हुए, अलग नहीं, बल्कि एक साथ,
चाँद की नजर और सूरज के आशीर्वाद के साथ।

तो अगर दुनिया भुला दे, मेरी कहानी याद दिलाए:
सच्चा धन वही है, जो पीछे न छोड़ पाए।
यह प्रेम है, शांत, जिद्दी और सच्चा,
जो बनाता है परिवार, और फिर से मन को सच्चा।

जैसे,जैसे साल गुज़रते गए, हमारे घर की दीवारों ने अनगिनत कहानियाँ अपने भीतर समा लीं,कुछ हँसी में लिखी गईं, कुछ आँसुओं में, और बहुत कुछ मौन में। पर दुनिया की माँग कुछ भी हो, हमारे परिवार ने उस एक सत्य को कभी नहीं भुलाया जिसने हमें बाँध रखा था: प्रेम सबसे पहले आता है।

मैं अक्सर उस बचपन के बारे में सोचती हूँ जो हमारा था, हम तीन छोटी आत्माएँ जिन्हें कभी किसी चीज़ की कमी महसूस नहीं हुई। इसलिए नहीं कि हमारे पास सब कुछ था, बल्कि इसलिए कि हमारे पास हर कोई था। हमें कभी इससे नहीं मापा गया कि कौन किसका है, या किसका बच्चा किसका है। हम बस एक ऐसे परिवार के बच्चे थे जिसने बँटने से इनकार कर दिया।

"कुछ परिवार इसलिए टूट जाते हैं क्योंकि वे गिनते हैं कि उन्होंने क्या दिया। हमारा इसलिए टिका रहा क्योंकि उन्होंने केवल वह गिना जो उन्होंने साझा किया।"

आज भी, जब मैं आँखें बंद करती हूँ, तो मुझे बड़े पापा के साथ मंदिर की घंटियों की गूँज सुनाई देती है, पा के लाड़,प्यार वाली हँसी का एहसास होता है, और माँ और बड़ी माँ की शांत मुस्कान दिखाई देती है जो पृष्ठभूमि में चुपचाप काम करती रहती थीं। मुझे दादीजी के हाथ से पीसे मसालों की महक आती है, दादाजी की साइकिल की चरमराहट सुनाई देती है जब वह घर लौटते थे, और मैं तीन बच्चों को एक ही रज़ाई के नीचे ताल में साँस लेते हुए देखता हूँ।

- अगर प्रेम का कोई आकार होता, तो वह वही १BHK फ़्लैट होता।
- अगर बलिदान की कोई आवाज़ होती, तो वह हमारी रातों की शांत गुनगुनाहट होती।
- अगर एकजुटता की कोई धड़कन होती, तो वह पा और बड़े पापा होते।

"यह अध्याय महज़ पुरानी याद नहीं है। यह एक अनुस्मारक है, कि सबसे साधारण घर भी सबसे बड़े सबक सिखा सकते हैं।"

क्योंकि कहीं बाहर, एक परिवार ज़मीन, विरासत या अहंकार पर लड़ रहा है। कहीं, बच्चे अलग,अलग घर में बड़े हो रहे हैं, कभी यह नहीं जानते कि एक

ही कंबल के लिए लड़ना क्या होता है। कहीं, हँसी की जगह ख़ामोशी ने ले ली है। उनसे मैं कहना चाहता हूँ,प्रेम बड़े घरों या बड़े बैंक बैलेंस में नहीं मिलता। यह छोटे,छोटे कामों में, साझा संघर्षों में, और जब बँटना आसान लगे तब एकता को चुनने में बनता है।

मेरा बचपन मेरा सबसे बड़ा आशीर्वाद था, इसलिए नहीं कि वह परिपूर्ण था, बल्कि इसलिए कि वह वास्तविक था। और वास्तविकता, जब बलिदान और प्रेम से बुनी जाती है, तो विरासत बन जाती है।

"विरासतें स्मारकों में नहीं बनाई जाती हैं। वे साझा किए गए भोजन में, उठाए गए बोझ में, तूफानों के बीच थामे गए हाथों में बनती हैं।"

और इसलिए, यह अध्याय २ एक स्मृति के रूप में नहीं, बल्कि एक संदेश के रूप में समाप्त होता है:

कि जब दो भाई एक होकर रहना चुनते हैं, जब दो बहनें बलिदान में भागीदार बनती हैं, जब दादा,दादी जड़ें और बच्चे फूल बन जाते हैं,तब एक परिवार अटूट हो जाता है।

यह कोई परी कथा नहीं है। यह कोई कल्पना नहीं है। यह वह है जो मैंने जिया।

और मुझे उम्मीद है कि दुनिया इसे याद रखेगी,इससे पहले कि बहुत देर हो जाए।

***

अध्याय 3: जब जुदाई तूफ़ान से ज़्यादा चुभी

“प्रकृति तुम्हारी शक्ति की परीक्षा ले सकती है। ज़िंदगी तुम्हारी नींव हिला सकती है। पर जो परिवार प्रेम की जड़ से जुड़ा होता है, वो हमेशा वापस एक, दूसरे तक पहुँच ही जाता है।”

हर परिवार के जीवन में एक ऐसा पल आता है, जब प्यार को सिर्फ़ शब्दों से नहीं, बल्कि कर्म से साबित करना पड़ता है। हमारे परिवार के लिए वो पल आया साल २006 में, जब सूरत के आसमान में सिर्फ़ बारिश नहीं, बल्कि एक ऐसी परीक्षा बरसी जिसने हमें हमेशा के लिए बदल दिया।

बारिश पहले धीरे,धीरे खिड़कियों पर दस्तक देती थी। हम जैसे बच्चे खुश होते, हथेलियाँ ठंडी शीशे पर रखकर, उन बूँदों को देखना जिन्हें एक,दूसरे से दौड़ लगानी होती थी। जब बाहर पहली बार पानी जमा हुआ, हम नंगे पाँव छींटे उड़ाते रहे, जब तक माँ ने हँसते हुए अंदर नहीं बुला लिया। शुरुआत में मज़ा था। बारिश आज़ादी जैसी लगती थी।

पर तीसरे दिन, आज़ादी डर में बदल गई। नदी उछल पड़ी, अपनी हदों को लाँघती हुई। सड़कें ग़ायब हो गईं। बिजली चली गई। हर गली अंधेरे में डूब गई, बस मोमबत्तियों की लौ ही रोशनी थी। रेडियो पर चेतावनियाँ थीं, पर जो होने वाला था, उसका अंदाज़ा किसी को नहीं था।

जब तक पानी हमारे बिल्डिंग में घुसा, तब तक बहुत देर हो चुकी थी। पहली मंज़िल डूबी, फिर दूसरी। और जब पानी हमारे घर तक पहुँचा, पापा और बड़े पापा ने एक,दूसरे को देखा, बस देखा, कुछ कहा नहीं। उस एक नज़र में सब समझ आ गया। वे दोनों तुरंत हर किसी को इकट्ठा करने लगे। काँपते दादा,दादी, डरी हुई माएँ, और बच्चे जो मजबूती दिखाने की कोशिश कर रहे थे, सब एक,एक सीढ़ी चढ़ते गए, जब तक छत खुली आसमान की तरह सामने नहीं आ गई।

हमने थोड़ी कुछ चीजे साथ ली, कुछ कपड़े, एक स्टोव, थोड़ा चावल, दाल, और वो साहस जो इंसान को तभी मिलता है जब उसे कोई और चारा नहीं होता।

और फिर शुरू हुए दस लंबे दिन।

हमने प्लास्टिक की चादरों से एक छोटा सा ठिकाना बनाया। रस्सियों से बाँधा, प्रार्थना की कि हवा इसे उड़ा न ले जाए। रातें भीगती, ठंडी और बेचैन होतीं। बारिश प्लास्टिक पर लगातार बजती, जैसे कोई अंतहीन ढोलक। छत की फ़र्श सख्त थी, पर हमने चटाइयाँ बिछाईं, रजाइयाँ फैलाईं, और एक, दूसरे के पास सिमटकर सोए, हमारी गर्माहट ही हमारी रज़ाई बन गई।

खाना, पूजा जैसा बन गया था। बड़ी माँ छोटे से स्टोव पर खाना बनातीं, नम हवा में छोटी सी लौ काँपती रहती। कभी सिर्फ़ खिचड़ी होती, पतली, पानी जैसी, पर नौ लोगों के लिए काफी। फिर भी पापा कहते, "किसे होटल की ज़रूरत? हमारा तो टैरेस कैफ़े है!" हर शाम वो "मेनू" बताते, "दाल सूप, राइस पैनकेक, बादलों की करी।" हम हँसते रहते, चाहे पेट खाली हो, क्योंकि उनका प्यार हनें कभी गरीब महसूस नहीं होने देता था।

"जब दुनिया तुम्हें खाली कर दे, परिवार कमी को उत्सव में बदल देता है।"

हम बच्चों ने डर से लड़ने के लिए खेल बनाए। पत्थर और सिक्का खेला, कागज़ की नावें दौड़ाईं, और बादलों के आकार पहचाने। हर रात पापा या बड़े पापा कहानी सुनाते। कभी लोककथाएँ, कभी अपने बचपन की यादें। मुझे सबसे ज़्यादा पसंद थी वो कहानी जो बड़े पापा ने एक तूफ़ानी रात सुनाई, एक घायल चिड़िया की, जो कभी उड़ नहीं पाई, पर जिसने उन्हें सिखाया कि प्यार क्या होता है। तब वो बस कहानी लगती थी। सालों बाद समझ आया, वो भविष्यवाणी थी। वो बाढ़ हमारी गिरी हुई चिड़िया थी, टूटी हुई पर ज़िंदा। और उसे मिलकर सँभालते हुए, हमारा परिवार खुद उड़ना सीख गया।

लेकिन हर पल खेल नहीं था। कभी, कभी हवा इतनी तेज़ चलती कि लगता, हमारी प्लास्टिक की छत उड़ जाएगी। एक रात मैंने दादी का हाथ कसकर

पकड़ा और पूछा, “अगर पानी ऊपर आ गया तो?” उन्होंने मेरे बालों पर हाथ फेरा और बोलीं, “बेटा, पानी ऊपर आएगा, तो हम भी उठेंगे। क्योंकि हम साथ हैं।”

“डर की ताकत तब खत्म हो जाती है जब कोई मज़बूत हाथ तुम्हारा हाथ थाम लेता है।”

हमारे साथ पड़ोसी भी उसी छत पर थे। किसी ने घर खोया था, किसी ने अपना प्रिय। फिर भी, उस निराशा में इंसानियत ने सिर उठाया। किसी ने मोमबत्ती बाँटी, किसी ने नमक। बच्चे एक साथ खेले, जात, पात, धर्म, अमीरी, गरीबी सब बह गई बाढ़ में। पानी ने दीवारें डुबो दीं, पर ऊपर छतों पर इंसानियत खड़ी रही।

दसवें दिन जब सुबह पहली बार बिना बारिश के आई, लगा जैसे चमत्कार हुआ हो। धीरे,धीरे पानी उतरने लगा। हम नीचे उतरे, भीगी सीढ़ियों पर, अपने ही घर में जो अब अजनबी लग रहा था। दीवारें फट गई थीं, फर्नीचर सड़ चुका था, फर्श बदबू मार रही थी। वो घर जो हमने बरसों में बनाया था, बस कुछ दिनों में घायल हो गया था।

पर असली तूफ़ान तो अब आने वाला था, वो फैसला जो पानी से ज़्यादा दर्दनाक था। जब पानी गया, तो हमने सोचा सबसे बुरा बीत गया। पर कभी-कभी बाहर का तूफ़ान अंदर के तूफ़ान से आसान होता है। घर लगभग खाली था। दीवारों पर फंगस, बिस्तर भीगे, कपड़ों में कीचड़ की गंध। रसोई की अलमारियाँ खाली। हर चीज़ अजनबी लगने लगी।

तब पापा और बड़े पापा ने एक निर्णय लिया, गुस्से से नहीं, मजबूरी से। पैसे की तंगी थी, घर भी रहने लायक नहीं था। उन्होंने सोचा, कुछ समय के लिए अलग रहना ठीक रहेगा। शायद वो मान बैठे थे कि ये तात्कालिक होगा। पर कभी-कभी प्यार ऐसे निर्णय लेता है जिन पर बाद में दिल पछताता है।

और इस तरह, पहली बार, हमारा परिवार दो छतों में बँट गया।

शुरुआत में सब ठीक लगा। माएँ बोलीं, "बस कुछ दिन की बात है।" दादा,दादी बोले, "हम अब भी एक ही परिवार हैं।" पापा और बड़े पापा बोले, "हर दिन मिलेंगे।"

पर किसी ने नहीं समझा, जुदाई दीवारों में नहीं, दिलों में उतर जाती है।

सबसे पहले जो चीज़ खोई, वो थी आवाज़। संयुक्त परिवार में सन्नाटा नहीं होता। कहीं कोई चम्मच की आवाज़, कहीं बच्चों की हँसी, कहीं दादा की प्रार्थना या पापा का मज़ाक। पर अब, रातें डरावनी ख़ामोशी से भरी थीं।

मेरा भाई और बहन सबसे ज़्यादा टूटे । वे दोनों एक ही कक्षा में थे। स्कूल में पूरे दिन एक-दूसरे से चिपके रहते। शिक्षक उन्हें अलग करते, पर घर लौटते वक्त फिर गले लगकर रोते। ऐसा लगता, जैसे जुदाई से डर उनके छोटे से दिल में घर कर गई हो।

"रिश्ते सिर्फ़ खून से नहीं बनते, वो बनते हैं साझा सुबहों से, खाने की मेज़ की हँसी से, और बुरे दिनों के बाद की चुप्पी भरी झप्पियों से।"

घर में माएँ भी टूट रही थीं। मेरी माँ ट्यूशन चलाती थीं, पर उनकी आँखों में खालीपन था, वो कुर्सी देखकर रुक जातीं, जहाँ पहले बड़ी माँ बैठती थीं। और बड़ी माँ, वो और भी भारी बोझ उठा रहीं थीं। अपनी बेटी की देखभाल के साथ, वो हम सबका भी ध्यान रखतीं। कभी शिकायत नहीं की, बस कभी-कभी चुपचाप आँसू पोंछ लेतीं।

दादा-दादी भी हँसते हुए दर्द छुपाते। दादा अब अख़बार अकेले पढ़ते, वो भी काँपते हाथों से। दादी अब कम खाना बनातीं, थालियाँ कम लगतीं। जिन्होंने परिवार को दशकों तक माला की तरह जोड़े रखा, अब वो माला बिखरी थी।

त्योहार सबसे मुश्किल थे। दीवाली आई, पर दीयों की रोशनी फीकी लगी। दोनों परिवार साथ नहीं थे, तो घर अधूरा लगा। जन्मदिन बस याद दिलाने लगे कि कौन साथ नहीं है। यहाँ तक कि क्रिसमस, जो सबसे पसंदीदा था, वो भी बस एक शांत आउटिंग बन गया।

"जुदाई हमेशा झगड़ों से नहीं होती, कभी-कभी वो बस एक चुप्पी होती है, जो ख़ुशियाँ खा जाती है।"

एक शाम, आसमान नारंगी था, मेरी छोटी बहन ने मेरा हाथ पकड़ा और धीरे से पूछा, "हम वापस क्यों नहीं जा सकते? चाहे छोटा हो, तंग हो, पर वो 'हमारा' लगता है।" उसकी बात तीर जैसी लगी, क्योंकि बच्चों को सुविधा नहीं, बस नज़दीकी चाहिए।

एक रात मैंने सुना, पापा और माँ धीरे-धीरे बात कर रहे थे। पापा बोले, "मैंने सोचा था इससे सब आसान होगा। पर लगता है मेरा आधा हिस्सा कहीं रह गया है।" उनकी आवाज़ काँप गई। माँ ने उनका हाथ पकड़ा, पर जवाब किसी के पास नहीं था।

"प्यार हमेशा ज़ोर से नहीं बोलता, कभी-कभी वो पिता की टूटी हुई आवाज़ में छिपा होता है।"

दिन हफ़्तों में बदले, हफ़्ते महीनों में। सात लंबे महीने बीते, दिखावा करते हुए कि सब ठीक है।

और फिर एक शाम, सब बदल गया।

बड़ी माँ की बेटी स्कूल से आई, आँखें लाल थीं। वो फिर रोई थी। रात को बड़े पापा बस उसे देखते रहे, चुपचाप। फिर बोले, "ये हम नहीं हैं। हम दो घरों में नहीं रह सकते। हमने साथ मिलकर जीवन बनाया है, उसे जीना भी साथ ही होगा। चाहे जगह कम हो, पर दिल बड़ा है। अब और जुदाई नहीं।"

पापा ने कुछ नहीं कहा, बस सिर हिलाया। वो सिर हिलाना ही उनका जवाब था।

"कभी-कभी असली ताकत जुदाई सहने में नहीं, बल्कि वापस एक होने के फ़ैसले में होती है।"

और उसी रात फैसला हो गया, हम वापस आएँगे।

अगले हफ़्ते हम सब फिर बड़े पापा के १BHK घर में लौट आए। कोई बड़ा आयोजन नहीं था, न ट्रक, न मददगार, बस हम, बाँहों में थैले, दिलों में उम्मीद।

दादा बिस्तर मोड़ते हुए बोले, "अब फिर घर जैसा लग रहा है।" दादी ने कोने में दिया जलाया, आँखों में आँसू, पर चेहरा मुस्कुराता हुआ। फिर से वही आवाज़ें, बर्तनों की खनखनाहट, बच्चों की हँसी, बुज़ुर्गों की पुकार, वो संगीत जो हमारे घर से खो गया था, लौट आया।

"घर की माप वर्गफ़ीट से नहीं होती, बल्कि उन दिलों से होती है जो इसे साझा करने को तैयार हों।"

हाँ, घर छोटा था। दो कमरे अब बहुतों के लिए थे। अलमारी में जगह नहीं, रज़ाइयाँ ज़मीन पर। पर अब जो था, वो था पूरापन।

शामें फिर जिंदा हो गईं। पापा फिर हमें बाहर ले जाते, कभी पार्क, कभी गली में टहलने। बड़े पापा हमें मंदिर ले जाते, उनकी स्थिरता हमें संबल देती। त्योहार फिर रोशन हुए, जन्मदिन फिर मीठे लगे, और घर फिर घर बन गया।

पर ये वापसी सिर्फ़ बच्चों की हँसी की नहीं थी, ये दिलों की मरम्मत थी।

मैंने सबसे पहले बदलाव देखा अपने भाई और बहन में। अब वे स्कूल से रोते नहीं लौटते थे, भागकर घर आते थे, एक साथ खेलते, खाते, झगड़ते, हँसते, सोते। उनकी मासूमियत फिर खिल गई थी।

माँ और बड़ी माँ फिर एक हो गईं, साथ काम करतीं, हँसतीं, कहानियाँ बाँटतीं। उनकी बहनापा फिर खिल उठा।

और पापा और बड़े पापा पा, फिर दो स्तंभ बन गए। पापा अपनी हँसी और नर्मी से हमें लाड़ देते। बड़े पापा अपने अनुशासन और स्थिरता से हमें संभालते। दोनों मिलकर, हमारे लिए लाइटहाउस बन गए।

"ताकत सिर्फ़ तूफ़ानों का सामना करने में नहीं होती, बल्कि बार-बार साथ चलने का चुनाव करने में होती है।"

पड़ोसी पूछते, “इतने लोग एक छोटे घर में कैसे रहते हो?” वो नहीं समझते थे, जो उन्हें अव्यवस्था लगती थी, वो हमें परिवार लगती थी। जो उन्हें समझौता लगता था, वो हमें प्यार लगता था।

क्योंकि उस छोटे से घर में, अकेलापन नहीं था। हर कोना अपनापन गुनगुनाता था। हर परेशानी में कई हाथ साथ थे। हर उत्सव, चाहे छोटा हो, विशाल लगता था, क्योंकि हम साथ थे।

“ऐशो-आराम जगह से नहीं आता, वो एकता से आता है।”

आज भी जब उस दौर को याद करती हूँ, आँखें नम हो जाती हैं। दर्द से नहीं, कृतज्ञता से। हमने डर, बिछड़न, तन्हाई सब झेला, पर साथ निकल आए, और पहले से ज़्यादा जुड़े।

“परिवार तब नहीं हारता जब वो टूटता है, वो तब हारता है जब लौटना भूल जाता है।”

और हमने लौटना चुना, मजबूत होकर, कोमल होकर, पहले से ज़्यादा करीब होकर। हमारे घर की दरारें हमारी पहचान बन गईं। हमारा घर दीवारों से नहीं, प्यार से बना।

और अगर मैं दुनिया को एक बात कह सकूँ, तो वो यही होगी,

“जब जुदाई तूफ़ान से ज़्यादा चुभे, तो समझो, लौटने का समय आ गया है।

कविता:

बाढ़ आई, पर साथ ने थामा,
तूफ़ान ने तोड़ा, पर दिल न हारा।
पानी डुबा गया, चुप्पी ने चुभाया,
पर एकता ने फिर जीवन सजाया।

दो घरों में बँटे, दिल रोए रात,
दिन सूने, सपने हुए मात।
पर दरारों से फिर उजाला झाँका,
प्यार ने हर दर्द को पिघलाया।

लौटे हम फिर एक आगोश में,
भीड़ भरे घर, पर दिलों के जोश में।
जगह तंग, पर दिल विशाल,
क्योंकि सच्चे रिश्ते रहते बेमिसाल।

तो अगर पूछो, घर क्या होता है?
न दीवारें, न आँगन की चौखट।
घर वो होता है जहाँ प्यार ठहर जाए,
जहाँ परिवार फिर से साथ आ जाए।

***

अध्याय 4: टूटे, पर हारे नहीं

"कुछ दिन सूर्योदय से शुरू नहीं होते... वे एक ऐसी चीख़ से शुरू होते हैं जिसे आप कभी नहीं भूलते।"

वह सुबह, किसी भी अन्य सुबह की तरह थी, साधारण, शांत और नियत। मेरे पिताजी काम के लिए जल्दी निकल गए, अपनी जानी-पहचानी दोपहिया वाहन पर सवार होकर। उन्होंने ऐसा हज़ारों बार किया था। उस दिन भी सूरज वैसे ही उगा, पक्षियों ने वैसे ही गीत गाए, और हम सब भी अपनी ज़िंदगी में वैसे ही लगे रहे... इस बात से पूरी तरह बेख़बर कि उस शाम तक, जिस चीज़ को हम 'सामान्य' कहते थे, वह टुकड़ों-टुकड़ों में बिखर जाएगी।

लेकिन वह सुबह सिर्फ़ कोई सुबह नहीं थी, वह ७ सितंबर २०१४, गणेश चतुर्थी के दिन थे। जब सूरत शहर बाधाओं को हरने वाले गणपति बप्पा के उत्सव को मना रहा था, तब हमारा अपना घर सबसे बड़ी बाधा से टकराने वाला था। दूर से ढोल-नगाड़ों की आवाज़ें, "गणपति बप्पा मोरया" के जयकारे... हमारी ज़िंदगी में एक निस्तब्ध चीख़ में डूब गए, जिसे नियति ने हमारे लिए लिख रखा था।

देर दोपहर में, फ़ोन बजा।
वह पा (पापा) नहीं थे।
वह कोई जानने वाला भी नहीं था।

यह एक अजनबी की आवाज़ थी, सरकारी अस्पताल के आपातकालीन विभाग की एक नर्स। उनकी आवाज़ प्रोफेशनल थी, पर उसमें कुछ ऐसा था जिसने हमारे दिलों को खोलकर रख दिया। "एक आदमी को आपातकालीन वार्ड में लाया गया है। उसके बटुए में यह नंबर मिला है। वह गंभीर हालत में है। कृपया तुरंत यहाँ आ जाइए।"

वह बटुआ, वही छोटा भूरा बटुआ जिसे हमने पापा को वर्षों से अपनी शर्ट की जेब में रखे देखा था, वही उनकी पहचान का इकलौता सुराग बन गया

था। अब, वह बटुआ खून, कीचड़ और ख़ामोशी में सने हुए एक आदमी के पास पड़ा था।

हमने एक सेकंड भी बर्बाद नहीं किया।

हम सब कुछ छोड़कर भागे। हमारे पैर तेज़ चल रहे थे, लेकिन हमारे आस-पास की दुनिया मानो धीमी पड़ गई थी। बाहर शहर में अभी भी चहल-पहल थी, लेकिन हमारे अंदर एक तूफ़ान शुरू हो चुका था।

अस्पताल में अफ़रा-तफ़री मची थी, लोग रो रहे थे, नर्सें चिल्ला रही थीं, डिम गलियारों में स्ट्रेचर लुढ़क रहे थे। हम भागकर आपातकालीन कक्ष में पहुँचे, और जब हमने आख़िरकार उन्हें देखा... हम टूटकर बिखर गए।

मेरे पा वहाँ पड़े थे, पहचान में भी नहीं आ रहे थे।

उनके कपड़े खून और नाली के पानी में भीगे हुए थे। कीचड़ उनके हाथों से चिपका था। उनका शरीर काँप रहा था, अभी भी जीवन के लिए संघर्ष कर रहा था। उनका चेहरा पीला था। आँखें बंद थीं। साँस चल रही थी, पर बस नाम मात्र की।

एक पल के लिए, मैंने यकीन करने से इनकार कर दिया कि यह वही हैं। मेरा मन चीख़ उठा, "यह मेरे पिता नहीं हो सकते।" लेकिन फिर, मैंने उनके हाथ देखे। वही हाथ जो कभी मुझे साइकिल की सवारी कराते थे, अब निर्जीव और ठंडे पड़े थे। वही शर्ट की जेब जहाँ वह मेरे लिए टॉफ़ी रखते थे, अब खून से सराबोर थी। अपने हीरो को टूटा हुआ देखने के लिए कोई चीज़ आपको तैयार नहीं करती।

बाद में हमें पता चला कि क्या हुआ था।

एक लापरवाह कार ने उन्हें पूरी रफ़्तार से टक्कर मारी और पीछे मुड़कर देखे बिना भाग गई। उनका वाहन किसी खिलौने की तरह एक तरफ़ फेंक दिया गया था। टक्कर भयंकर थी, एक ऐसा प्रभाव जो दुनिया को एक पल में शांत कर देता है। पापा का शरीर सड़क किनारे की पानी की नहर में जा गिरा, जहाँ

कीचड़ भरे पानी ने उन्हें आधा निगल लिया, और दर्द के चारों ओर खामोशी लिपट गई।

करीब पाँच घंटे तक, वह उस नहर में पड़े रहे, गतिहीन, अदृश्य, अनसुना। कल्पना कीजिए: शहर में गणेश प्रतिमाएँ संगीत के साथ ले जाई जा रही हैं, लोग उत्सव में नाच रहे हैं, और उसी शहर में, मेरे पिता सैकड़ों लोगों की नज़रों से ओझल, गंदे पानी में चुपचाप खून बह रहे थे। उस दिन इंसानियत हार गई थी, लेकिन नियति ने उन्हें थामे रखा।

करीब पाँच घंटे तक, वह वहाँ पड़े रहे, न हिलते हुए, न बोलते हुए, न होश में। उनका शरीर टूट चुका था, हड्डियाँ टूट गई थीं, रीढ़ की हड्डी नष्ट थी, खून धीरे-धीरे उनके नीचे की धरती में समा रहा था। उनके आस-पास का पानी धीरे-धीरे लाल हो गया, लेकिन दुनिया ऐसे ही आगे बढ़ती रही जैसे कुछ हुआ ही न हो।

लोग गुज़रते रहे, गाड़ियाँ तेज़ चलती रहीं। ज़िंदगी चलती रही, पर किसी ने उन्हें नहीं देखा।

उस दिन, इंसानियत ने उन्हें निराश किया, पर किस्मत ने नहीं। किसी तरह, टूटी हुई हड्डियों और उखड़ती साँसों के बावजूद, उनका दिल धड़कता रहा, हठपूर्वक, धीरे-धीरे, हार मानने से इनकार करते हुए।

फिर... आख़िरकार। दया एक अजनबी के रूप में आई। एक युवा लड़का, शायद भाग्य ने ही भेजा था, जिसने पानी में मुश्किल से दिख रही उस आकृति को देखा। किसी चीज़ ने उसे रुकने पर मजबूर किया। हो सकता है यह अंतर्ज्ञान हो, हो सकता है यह ब्रह्मांड से एक फुसफुसाहट हो। वह क़रीब आया, और उसने जो देखा, उसने सब कुछ बदल दिया। एक सेकंड भी बर्बाद किए बिना, उसने मदद के लिए आवाज़ लगाई।

वह लड़का जीवन और मृत्यु के बीच का पुल बन गया। आज भी, मैं मानती हूँ कि वह सिर्फ़ राहगीर नहीं था, वह मानव रूप में एक फ़रिश्ता था। अगर

उसने उस दृश्य को नज़रअंदाज़ कर दिया होता, अगर वह चला गया होता, तो मैं यह अध्याय नहीं लिख रही होती।

एक एम्बुलेंस आई। और उसके साथ, एक नई लड़ाई शुरू हुई।

जब हमने उन्हें देखा, तो हम साँस भी नहीं ले पा रहे थे। मेरी माँ के पैर जवाब दे गए। मेरे दादा-दादी एक-दूसरे प्रार्थनाएँ फुसफुसाते रहे। मेरे भाई-बहन और मैं स्थिर खड़े थे, रोने के लिए भी बहुत सदमे में थे। वह हमेशा हमारे रक्षक रहे थे। और अब वह एक घायल बच्चे की तरह दिख रहे थे, असहाय और टूटे हुए।

डॉक्टरों ने तेज़ी से काम किया।

चोटें गंभीर थीं। अंदरूनी रक्तस्राव था, सिर में चोट थी, और उनकी रीढ़ की हड्डी टूट गई थी। वह कमर से नीचे पक्षाघात (paralyzed) के शिकार हो चुके थे। डॉक्टर ने कहा, "अगले २4 घंटे सब कुछ तय करेंगे। हमने जो कर सकते थे, कर दिया। अब यह उन पर है।"

वे शब्द चाकू की तरह थे।

आप २4 घंटे तक कैसे इंतज़ार करते हैं, यह जानते हुए कि हर सेकंड आख़िरी हो सकता है? अस्पताल की घड़ी दुश्मन बन गई, हर टिक-टिक बादल की गड़गड़ाहट से ज़्यादा तेज़ लग रही थी।

और हम इंतज़ार करते रहे।

हम ऐसे इंतज़ार करते रहे जैसे लोग पहाड़ की चोटी पर लटके हों। हमने निराशा के साथ प्रार्थना की। मॉनिटर की हर बीप आशा की लय जैसी महसूस हो रही थी। मेरी माँ ICU के बाहर हाथ जोड़कर बैठी थीं, बार-बार उनका नाम फुसफुसा रही थीं। मेरे दादा-दादी ने घर पर दीये जलाए और तब तक खाने से मना कर दिया जब तक वह आँखें नहीं खोलते।

"कभी-कभी प्यार शोर नहीं मचाता, यह प्रार्थनाओं में बार-बार दोहराई जाने वाली फुसफुसाहट होता है, जब तक कि ब्रह्मांड सुन न ले।"

और आख़िरकार... ब्रह्मांड ने सुना।
पा बच गए।
लेकिन वह ठीक होकर नहीं जागे।

दुर्घटना ने उनसे सिर्फ़ चलने की क्षमता ही नहीं छीनी थी। इसने हमारी शांति छीन ली थी। इसने हमारी निश्चितता चुरा ली थी। इसने हमारी ज़िंदगी को, जैसा कि हम जानते थे, रोक दिया था। हमने एक नई वास्तविकता में प्रवेश किया, जो अस्पतालों, थेरेपी, दवाओं और अनजान बातों से भरी थी।

और लगभग दो साल तक, वह अपनी गर्दन भी मुश्किल से हिला पाते थे। कल्पना कीजिए, दिन-ब-दिन सीधे लेटे रहना, यहाँ तक कि अपने प्रियजनों को देखने के लिए मुड़ भी न पाना। वह उनकी क़ैद थी, फिर भी उन्होंने इसे सहा।

और फिर भी... उस सारे दर्द के बीच, कुछ असाधारण उभरा।

बड़े पापा।

वह सिर्फ़ आगे नहीं आए, वह हमारे स्तंभ, हमारी शरण, हमारी ताक़त बन गए। चुपचाप, बिना कहे, वह अपने भाई के बगल में एक छाया की तरह खड़े रहे जो कभी नहीं जाएगी।

"असली ताक़त वज़न उठाने में नहीं... बल्कि लोगों को तब उठाने में है जब वे अपने दम पर खड़े नहीं हो सकते।"

जब पा ने फिर से अपनी आँखें खोलीं, तो उनमें कुछ बदल गया था। सिर्फ़ उनका शरीर नहीं, उनकी आवाज़, उनकी नज़र, यहाँ तक कि उनकी खामोशी भी ज़्यादा भारी महसूस हो रही थी। उनके सिर पर लगे टाँके गहरे थे। उनकी रीढ़ की हड्डी को गंभीर नुक़सान पहुँचा था। और सबसे बुरा हिस्सा... वह अपने पैर हिला नहीं सकते थे।

डॉक्टर ने इसे आंशिक पक्षाघात कहा। उन्होंने चीज़ें समझाईं, सिग्नल, नसें, रीढ़ की हड्डी का दबना। हमने इनमें से कुछ नहीं सुना, हमें बस वह आदमी

दिखाई दिया जो कभी हमें अपने कंधों पर उठाता था, अब स्थिर पड़ा था, अपने पैर भी नहीं उठा पा रहा था।

उन शुरुआती दिनों में, उन्होंने एक बार टूटी हुई फुसफुसाहट में पूछा, "क्या मैं फिर कभी तुम्हारे साथ नाच पाऊँगा?" हममें से किसी में भी जवाब देने की हिम्मत नहीं थी। ख़ामोशी सच्चाई से ज़्यादा भारी थी।

मेरे बड़े पापा ज़्यादा नहीं बोले। वह ज़ोर से रोए नहीं या बड़े-बड़े ऐलान नहीं किए। लेकिन हर एक रात, वह अस्पताल में थे। वह अतिरिक्त कपड़े लाते। बिस्तर के बगल में चुपचाप बैठते। दर्द से जब पा का माथा पसीना बहाता तो पोंछते। जब वह खाने के लिए बहुत थके होते तो चम्मच उनके होंठों तक लाते। उन मॉनिटरों को देखते जिन्हें देखने से हम डरते थे।

किसी ने उनसे नहीं कहा। किसी को कहने की ज़रूरत नहीं पड़ी। वह बस आ गए। लगातार चार महीनों तक।

मैंने एक बार उन्हें पा के कंबल को इतनी नरमी से तह करते देखा, जैसे वह कोई पवित्र चीज़ हो। मैंने उनसे पूछा कि क्या वह थके हुए हैं, और उन्होंने बस मुस्कुरा दिया: "मैं और क्या करूँगा? वह मेरा भाई है।"

यहाँ तक कि नर्सें भी उनके बारे में फुसफुसाती थीं। एक ने उन्हें "दयालु आँखों वाला वह आदमी" कहा। उन्होंने भी इसे देखा, वो अनोखा, दुर्लभ सा प्यार।

मुझे एक रात याद है जिसने मेरे अंदर कुछ तोड़ दिया... और कुछ ज़्यादा मज़बूत बना दिया।

यह दूसरे महीने की बात होगी। अस्पताल हमारा दूसरा घर बन चुका था, ठंडी बेंचें, एंटीसेप्टिक की गंध, हाथ जोड़कर फुसफुसाई गई शांत प्रार्थनाएँ। उस रात, क़रीब 3 बजे, पा के शरीर में ऐंठन शुरू हो गई। मशीनें अलार्म बजाने लगीं। मेरी माँ नर्स को बुलाने दौड़ीं। मैं जम गई। लेकिन मेरे बड़े पापा ... वह हिचके नहीं। उन्होंने पा का हाथ कसकर पकड़ा और झुककर उनके कान में

फुसफुसाया जैसे वह किसी सोते हुए बच्चे से बात कर रहे हों। "तुम चिंता मत करो। मैं यहाँ हूँ। तुम अकेले नहीं हो। बस साँस लो।"

नर्स भागती हुई आई, IV में कुछ इंजेक्शन दिया। धीरे-धीरे, कंपकंपी रुकी। लेकिन बड़े पापा ने वह हाथ नहीं छोड़ा, बाक़ी की रात भी नहीं।

भोर के आस-पास, मैंने उन्हें बस कुछ मिनटों के लिए ICU से बाहर निकलते देखा। मैं चुपचाप उनके पीछे गई। मैंने उन्हें अंधेरे गलियारे में दीवार के सहारे झुके हुए पाया, चेहरा हाथों में छिपा हुआ। वह एकमात्र समय था जब मैंने उन्हें रोते हुए देखा। शांत आँसू, कोई सिसकी नहीं, कोई आवाज़ नहीं। बस वह दर्द जो हफ्तों से निगला गया था, आख़िरकार ज्वार की तरह ऊपर उठ रहा था।

जब उन्होंने मुझे देखा, तो उन्होंने तेज़ी से अपना चेहरा पोंछा और सीधे खड़े हो गए। "मैं ठीक हूँ," उन्होंने कहा। लेकिन मैं ठीक नहीं थी। मैं उस सबसे मज़बूत आदमी को अपने सीने में तूफ़ान लिए देखकर ठीक नहीं थी।

वह रात थी जब मैंने सच में समझा कि जब प्रेम शब्दों से रहित होता है तो कैसा दिखता है, कच्चा, थका हुआ, दर्द भरा प्रेम जो फिर भी आता है, फिर भी चुनता है, फिर भी ठहरता है।

शांत रीढ़:

उन्होंने बोलने के लिए कभी आवाज़ नहीं उठाई,
फिर भी उन्होंने तब ताक़त पकड़ी जब हम कमज़ोर थे,
शब्दों की ज़रूरत नहीं थी, कोई भव्य प्रदर्शन नहीं,
उनकी ख़ामोशी ने सबसे अँधेरे दिन को रोशन किया।

हर शाम आती, वह अपनी जगह पाते,
एक कोमल ताक़त, एक स्थिर कृपा।
कोई घड़ी नहीं, कोई दावा नहीं, कोई इंतज़ार का संकेत नहीं,
वह बस आ गए, जैसा प्रेम करता है।

किसी ने उन्हें ऐसी भूमिका नहीं दी,
उन्होंने इसे चुना, अपनी आत्मा में सिला,
नौ दिलों का बोझ उन्होंने बिना शिकायत के उठाया,
एक संत जैसी ताक़त, हालाँकि वह संत नहीं थे।

यह खून नहीं था जिसने रेखा खींची,
बल्कि कुछ गहरा, ज़्यादा दिव्य,
ऐसा बंधन जिसे समय नहीं तोड़ सकता,
दो भाई, एक आत्मा, हमेशा के लिए बंधे हुए।

लोग कहते हैं कि खून से परिवार बनता है। लेकिन यह कुछ और था। यह एक आदमी था जो हर एक दिन चुन रहा था, नौ दिलों का बोझ अपने कंधे पर उठाने के लिए, बिना इसे कभी बोझ कहे।

जब पा आख़िरकार घर लौटे, तो यह कोई उत्सव जैसा नहीं था। यह कोई सुखद अंत नहीं था। यह उस चीज़ की एक शांत, दर्दनाक शुरुआत थी जिसकी हमने कभी कल्पना नहीं की थी, एक ऐसी ज़िंदगी जिसके लिए हमने तैयारी नहीं की थी।

हम उन्हें घर व्हीलचेयर में नहीं, बल्कि एम्बुलेंस में लाए, स्ट्रेचर पर सीधे, ख़ामोशी और डर से घिरे हुए। वह हिल नहीं सकते थे, मुड़ नहीं सकते थे, रीढ़ की हड्डी में दरारों के कारण अपनी गर्दन भी नहीं उठा सकते थे। वह आदमी जो कभी पहाड़ की तरह खड़ा रहता था, अब काँच की तरह अंदर लाया गया।

लगभग दो साल तक, पा अपनी गर्दन बिल्कुल नहीं हिला पाए। वह अंतहीन रूप से छत को घूरते रहते, उन आवाज़ों की ओर भी मुड़ने में असमर्थ जो उनका नाम पुकार रही थीं। अपने बच्चों को देखना चाहने की क्रूरता की कल्पना करें, पर एक इंच भी हिलने में असमर्थ होना। हर दिन धैर्य का एक अभ्यास बन गया, किसी के तकिया ठीक करने, सिर झुकाने, या बस एक दर्पण पकड़ने का इंतज़ार करना ताकि वह दुनिया को देख सकें। वे दो साल दशकों जैसे लगे।

जैसे ही एम्बुलेंस बिल्डिंग के प्रवेश द्वार पर रुकी, हमारी पूरी सोसाइटी बाहर खड़ी थी। कुछ के होठों पर प्रार्थनाएँ थीं, अन्य हाथ जोड़कर चुपचाप खड़े थे। किसी ने एक शब्द नहीं कहा, क्योंकि किसी को नहीं पता था कि क्या कहना है।

उनमें से कई ने उन्हें पहले जॉगिंग करते हुए, क्रिकेट खेलते हुए, कसरत करते हुए देखा था। पा हमेशा से वही थे, ताक़तवर, उदार, जीवन से भी बड़े।

वह वर्षों से जिम के शौकीन थे। उनका अनुशासन अडिग था। मांसपेशियों वाले, आत्मविश्वासी, फ़िल्मी हीरो की तरह फ़िट, वह ऐसे आदमी थे जो सिर्फ़ वज़न नहीं उठाते थे, वह हौसला उठाते थे। लोग उनकी ऊर्जा की प्रशंसा करते थे। बच्चे जब वह सुबह की दौड़ से लौटते तो उन्हें देखकर हाथ हिलाते थे। घर पर भी, वह हमारी ताक़त थे, शारीरिक रूप से, भावनात्मक रूप से, हर संभव तरीक़े से।

और अब... उनकी मांसपेशियाँ ढीली पड़ गई थीं। उनका सीना मुश्किल से साँस लेता था। उनकी कभी गर्व भरी मुद्रा अब सपाट और निर्भर पड़ी थी। उस ख़ामोशी से ज़्यादा भारी कोई ख़ामोशी नहीं होती जो किसी टूटे हुए आदमी को घर लाए जाने पर घेर लेती है।

हमारे मज़बूत पा, जो कभी हमारे साथ लिविंग रूम में खेलते थे, को अब बस बिठाने के लिए लोगों द्वारा उठाना पड़ता था। उनका बिस्तर लिविंग रूम के बीचों-बीच, खिड़की के पास लगाया गया था। इसलिए नहीं कि जगह नहीं थी, बल्कि इसलिए कि हम उन पर नज़र रख सकें, उनसे बात कर सकें, उन्हें क़रीब रख सकें।

वह बिस्तर हमारे ब्रह्मांड का केंद्र बन गया। यह अब सिर्फ़ फर्नीचर का एक टुकड़ा नहीं था; यह युद्ध का मैदान था जहाँ हम हर दिन आशा को जीवित रखने के लिए लड़ते थे। दवाओं की गंध अगरबत्ती की गंध के साथ मिल गई।

घर बड़ा नहीं था। मेरे दादा-दादी एक कमरे में थे। हम बाक़ी सब, मैं, मेरे भाई-बहन, मेरी माँ, बड़े पापा , जैसे भी हो सका, समायोजित हो गए। लेकिन बड़े

पापा ने हमें कभी महसूस नहीं होने दिया कि हम किसी को तकलीफ़ दे रहे हैं। एक बार भी नहीं। उन्होंने बस जगह बनाई, घर में, अपने दिल में, अपनी रोज़मर्रा की दिनचर्या में।

हमारी कोई आय नहीं थी। मेरे पिता, हमारी तरफ़ से एकमात्र कमाने वाले सदस्य, अब बिस्तर पर थे। मेरी माँ को पा की पूर्णकालिक देखभालकर्ता बनने के लिए अपनी नौकरी छोड़नी पड़ी। उन्होंने कभी एक दिन भी अपनी नौकरी के बिना नहीं बिताया था... और अब, वह उनका शरीर उठाना, उनके घाव साफ़ करना, दवाओं का समय तय करना, और सबसे दर्दनाक, उनके आँसू पोंछना सीख रही थीं।

लेकिन बड़ी माँ बिना कहे आगे आईं। उन्होंने हर भोजन आहार संबंधी देखभाल के साथ पकाया। वह उनके खिलाने के घंटों के दौरान पा के बगल में बैठतीं और फुसफुसातीं, "उम्मीद मत छोड़ना।" कभी-कभी वह बेड सोर से गंदी हुई चादरें धोते समय रोती थीं, लेकिन उन्होंने हमें कभी अपनी आँखों में हार नहीं देखने दी।

कुछ रातें ऐसी थीं जब मैं प्यासी उठती और रसोई में रोशनी देखती। वह हमेशा बड़ी माँ होती थीं, खाना गरम कर रही होती थीं, मेरी माँ के लिए कुछ हल्का खाना बना रही होती थीं, पा की सुबह की दिनचर्या के लिए नरम भोजन तैयार कर रही होती थीं। वह दर्द और उपचार के बीच एक पुल बन गईं। और बड़े पापा , वह स्तंभ बन गए जो उस तूफ़ान में भी नहीं हिला जिसने हमारी बनाई हुई हर दीवार को तोड़ दिया था।

उन्होंने हमारी स्कूल की फ़ीस, पा के अंतहीन मेडिकल बिल, दवाओं, फ़िज़ियोथेरेपी, टेस्ट और यात्रा का भुगतान किया और उन्होंने एक बार भी नहीं कहा, "मैं नहीं कर सकता।" उन्होंने हमें एक बार भी महसूस नहीं कराया कि हम बहुत ज़्यादा ले रहे हैं।

वह बस देते गए।
और देते गए।

और देते रहे।

उन वर्षों में, पा ने अपने अनवरत बेड सोर के इलाज के लिए दस से अधिक सर्जरी भी सहीं। हर सर्जरी ऐसा महसूस कराती थी जैसे मुश्किल से ठीक होने शुरू हुए घावों को फिर से खोला जा रहा हो। जब भी उन्हें ऑपरेशन थिएटर में ले जाया जाता, हम प्रार्थना करते थे। कभी-कभी सर्जरी काम करती थी, कभी-कभी घाव पहले से बदतर होकर लौट आते थे। यह दर्द का एक चक्र था, लेकिन पा ने यह सब "मैं क्यों?" पूछे बिना सहा। उन्होंने बस फुसफुसाया, "चलो फिर कोशिश करते हैं।"

एक शाम, मैंने सुना कि एक रिश्तेदार उनसे पूछ रहा था, "आप यह सब कैसे संभाल रहे हैं?"

वह मुस्कुराए, वही थकी हुई लेकिन कोमल मुस्कान जो वह हमेशा पहनते थे, और कहा, "भगवान ने मुझे दो हाथ दिए, एक काम करने के लिए है। दूसरा मेरे भाई को थामने के लिए है।"

आज भी, वर्षों बाद, मुझे नहीं लगता कि मैंने प्रेम की इससे शुद्ध परिभाषा कभी सुनी है।

और इन सब के बीच... दो छोटी आत्माएँ भी थीं जो बहुत जल्दी बड़ी हो रही थीं।

मेरा भाई और बहन सिर्फ़ दस साल के थे। उम्र से बच्चे, लेकिन दिल से योद्धा। उन्हें बहादुर बनना सिखाया नहीं गया। ज़िंदगी ने माँग की।

एक दिन, जब पा खा नहीं पा रहे थे, तो मेरा भाई एक छोटी कटोरी चावल लेकर आगे बढ़ा। उसके हाथ काँप रहे थे, लेकिन उसने कहा, "पा, मैं आज आपको खिलाऊँगा।" वह बिस्तर के किनारे पर चढ़ा और अपने छोटे हाथों से खिलाने की कोशिश की। वह थोड़ा अस्त-व्यस्त था। चम्मच हिला, कुछ गिरा, लेकिन पा ने फिर भी अपना मुँह खोला। शायद भूख से नहीं, बल्कि प्रेम से।

किसी ने मेरे भाई से ऐसा करने को नहीं कहा। किसी ने उसे सिखाया नहीं। लेकिन कहीं, उस छोटे लड़के के अंदर, उसने कुछ ऐसा समझ लिया था जिसे वयस्क अक्सर भूल जाते हैं, जब आपका कोई प्रिय गिर जाता है, तो आप इंतज़ार नहीं करते कि आपको बताया जाए कि क्या करना है। आप बस आ जाते हैं।

और मेरी बहन, वह बिस्तर के पास बैठती थी, चुपचाप पा को सोते हुए देखती थी। एक शाम, मैंने उसे छत के पंखे से फुसफुसाते हुए सुना, "प्लीज़ भगवान, इन्हें ठीक कर दो। मैं हमेशा के लिए अच्छी रहूँगी। वादा।" उसने हमसे ज़्यादा बात नहीं की। लेकिन उसने आसमान से सब कह दिया।

ये बच्चे कभी खिलौने वाले स्टेथोस्कोप से डॉक्टर-डॉक्टर खेलते थे। अब, वे एक असली अस्पताल के बिस्तर के पास खड़े थे, असली साहस सीख रहे थे।

और फिर भी, बड़े पापा ने एक बार भी बोझ को दिखने नहीं दिया।
वह काम पर जाते।
वह लीक होते नल ठीक करते।
वह दवाओं के बिल कम करने के लिए केमिस्टों से बहस करते।

जिस दिन हम टूट जाते, वह हमें चुपचाप गले लगाते। और हर बार जब रोशनी चली जाती, लाक्षणिक या शाब्दिक रूप से, वही थे जो स्विच को फिर से ढूँढ़ते थे।

"सच्ची हिम्मत शोर नहीं मचाती। यह प्रेम के छोटे-छोटे कार्यों में पाया जाता है जो दुनिया को गिरने से बचाते हैं।"

दिन महीनों में बदल गए, और पा का शरीर निशानों और अस्तित्व का एक नक्शा बन गया। बेड सोर क्रूर थे, गहरे, दर्दनाक और अनवरत, कुछ घावों को हफ्तों लगे ठीक होने में; अन्य एक क्रूर याद दिलाते हुए लौट आते थे कि जीवन कितना नाज़ुक हो गया था। कभी-कभी, हमें दिन में दो बार डॉक्टर को

बुलाना पड़ता था। लिविंग रूम एक अस्थायी अस्पताल में बदल गया, और फिर भी, पा ने एक बार भी दया की भीख नहीं माँगी।

मुझे आज भी याद है कि वह कैसे रोते थे, ज़ोर से नहीं, बल्कि चुपचाप.... डॉक्टर जब उनकी पट्टियाँ बदलते थे तो उनके चेहरे से शांत आँसू फिसलते थे। वह आवाज़ को रोकने के लिए अपने होंठ काट लेते थे, अपने लिए नहीं, बल्कि इसलिए कि हम सुन न लें। वह हमारा दुख नहीं बनना चाहते थे। और किसी तरह, अपने कष्ट में भी, वह अभी भी हमारी रक्षा करने की कोशिश कर रहे थे।

हमने सब कुछ आज़माया, महँगे फ़िज़ियोथेरेपी सेशन से लेकर घर के बने आयुर्वेदिक तेलों तक जो हवा को आशा की सुगंध से भर देते थे। एक बार किसी ने एक आध्यात्मिक उपचारकर्ता को भी बुलाया। उन्होंने अपने हाथ धीरे से पा के घुटनों पर रखे और प्रार्थनाएँ फुसफुसाईं, मानो उनका स्पर्श उन नसों को फिर से शुरू कर सकता हो जो सुन्न हो गई थीं।

लेकिन इसी चरण के दौरान कुछ और भी शुरू हुआ, कुछ ऐसा जिसके बारे में हम आज भी बात करने में हिचकिचाते हैं। अस्पताल में, पा काँपती हुई आवाज़ में फुसफुसाते थे, "मुझे लगता है कि कोई मेरे पास बैठा है।" कभी-कभी, वह कहते थे कि ऐसा महसूस होता है जैसे अनदेखे हाथ उन्हें खींच रहे हैं, दूर ले जाने की कोशिश कर रहे हैं। पायल की आवाज़ जो कोई नहीं पहनता था, गलियारों में धुंधली गूँजती थी। हमने कभी बाहर वालों को नहीं बताया, लेकिन परिवार के भीतर, हम जानते थे कि विज्ञान से परे कुछ उन रातों में हमारे साथ चल रहा था। शायद एक दिन, यह कहानी अपनी किताब में खोलुंगी। अभी के लिए, यह इस अध्याय के अंदर बंद एक छायादार स्मृति बनी हुई है।

"क्या मैं फिर कभी चल पाऊँगा?" पा ने एक बार पूछा, आँखें शांत निराशा से घिरी थीं।

और उस पल, कमरे में ख़ामोशी भर गई। वह ख़ामोशी जो आराम नहीं देती, वह दम घोंट देती है।

लेकिन बड़े पापा , हमेशा की तरह, आगे बढ़े और एक ऐसी आवाज़ में जवाब दिया जो एक वादे जैसा महसूस हुआ: "तुम चलोगे। शायद आज नहीं, शायद कल नहीं... लेकिन तब तक, हम तुम्हारे लिए चलेंगे।"

और उन्होंने ऐसा किया।

वर्षों तक, बड़े पापा हर वह कदम चले जो पा नहीं चल सकते थे। अस्पताल के दौरे, दवाइयाँ लाना, स्कूल की मीटिंग, बैंक की लाइनें, किराने का सामान, सब कुछ उस भाई के लिए जो कभी सीधा चलता था, पर अब एक ही जगह पर पड़ा था।

"प्रेम हमेशा भव्य इशारों जैसा नहीं दिखता। कभी-कभी, यह उस व्यक्ति के बगल में चुपचाप चलने जैसा दिखता है जो अब हिल नहीं सकता।"

मेरी माँ, उन्होंने अपनी नौकरी, अपनी पहचान, अपनी स्वतंत्रता छोड़ दी। लेकिन उन्होंने एक बार भी पछतावा नहीं दिखाया। उन्होंने नुस्खे पढ़ना, सर्जिकल घावों को साफ़ करना, काँपते हाथों से एक पूरे आदमी को उठाना सीखा, और सबसे महत्वपूर्ण, जब उनकी आत्मा टूटने की धमकी देती थी तो उसे थामे रखना। उनका प्रेम भयंकर था, पर शांत। अथक, पर कभी माँग न करने वाला।

कुछ सुबहें ऐसी थीं जब थकान से उनके हाथ काँपते थे, फिर भी चाय कभी नहीं छलकी। कुछ रातें ऐसी थीं जब उनकी पीठ आराम के लिए चीख़ती थी, फिर भी वह हर घंटे, घावों के दर्द को कम करने के लिए, उन्हें धीरे से पलटती रहती थीं। अगर ताक़त का कोई चेहरा होता, तो वह उस माँ जैसा दिखता जो निराशा को दरवाज़े से अंदर नहीं आने देती।

मेरी बड़ी माँ ने कभी मेरी माँ को अकेला नहीं चलने दिया। उन्होंने हर भोजन देखभाल के साथ पकाया, सुनिश्चित किया कि पा का भोजन डॉक्टर के

दिशानिर्देशों से मेल खाता हो, और बिस्तर की चादरों से खून के धब्बे धोते समय चुपचाप रोती थीं।

वह अपने आँसू बहते नल में छिपाती थीं, पानी को उन्हें दूर ले जाने देती थीं। और जब वह पा के बिस्तर के पास लौटती थीं, तो उनकी आँखें फिर से सूखी होती थीं, क्योंकि हमारे घर में, आशा ने गिरने के बाद भी खड़ा होना सीखा था।

हमारे परिवार ने सभी परिभाषाओं को धुंधला कर दिया। 'आपके बच्चे' और 'हमारे बच्चे' जैसा कुछ नहीं था। बस 'हम' थे। हम एक ही मेज के चारों ओर बैठते थे, एक ही कमरे में रोते थे, और एक ही साँस से प्रार्थना करते थे।

वह एकल साँस, जो नौ दिलों में बँटी हुई थी, हमारा राष्ट्रगान बन गई। जब हममें से कोई टूटता, तो दूसरा धुन गुनगुनाता। जब हममें से कोई शब्द भूल जाता, तो दूसरा ज़ोर से गाता।

और फिर वह सवाल आया जिससे हम महीनों से बच रहे थे। "हम कब तक ऐसे जीवित रह सकते हैं?"

अस्पताल के बिल जंगल की आग की तरह बढ़ रहे थे। हमारी बचत पिघल चुकी थी। मेरे पिता की ताक़त चली गई थी, और हमारी आय भी। मेरी माँ ने अपना काम छोड़ दिया था। और हालाँकि घर प्रेम से भरा था, पर यह शांत डरों से गूँजता था, हम नौ लोगों को कैसे खिलाएँगे, घर कैसे चलाएँगे, और मेरे पिता का इलाज कैसे जारी रखेंगे।

यह कितना डरावना है कि संख्याएँ कितनी जल्दी आत्मा को कुचल सकती हैं, बिल, बकाया, दवा पर्चियाँ, लेकिन उस डर ने हमारे घर की भाषा कभी नहीं सीखी। हमारे घर में, डर का सामना विश्वास से हुआ, और विश्वास ने काम करना सीखा।

एक सुबह, काँपते होंठों और एक अडिग आत्मा के साथ, पा ने मुझे देखा और कहा, "हम फिर से कैटरिंग का व्यवसाय शुरू करेंगे। मैं हिल नहीं

सकता... लेकिन मैं अभी भी संभाल सकता हूँ। मैं तुम्हें हर चीज़ में मार्गदर्शन दूँगा। और इस बार, हम इसका नाम तुम्हारे नाम पर रखेंगे, 'हिनाली कैटरर्स'।"

वह स्थिर थे, लेकिन उनका सपना नहीं था। हमने दुर्घटना के पूरे दो साल बाद कैटरिंग का काम बंद कर दिया था, बर्तन सो गए थे, कलछियाँ शांत हो गई थीं, और फिर भी, अपने बिस्तर से, उन्होंने फिर से चूल्हा जलाया। (लोग भी इसे 'हिनाली कैटरर्स' कहने लगे, लेकिन उन्हें नामों की परवाह नहीं थी, उन्हें लोगों को सही खिलाने की परवाह थी।)

वह नाम, मेरा नाम, एक नई तरह की ज़िम्मेदारी बन गया। उस विरासत का प्रतीक जिसे वह बिस्तर से भी बनाना चाहते थे।

मैंने वह नाम ज़ोर से कहा, एक बार, दो बार, और महसूस किया कि मेरी रीढ़ सीधी हो गई है। यह सिर्फ़ एक व्यवसाय नहीं था। यह मेरे अपने साँस से सिला हुआ एक वादा था।

हम ख़ुद खाना नहीं बनाते थे, हमारे पास एक टीम थी। पुराने शेफ़ जिन्होंने कभी हमारे साथ काम किया था, बिना एडवांस माँगे वापस आ गए। कुछ ने तब तक भुगतान लेने से मना कर दिया जब तक हम अपने पैरों पर खड़े नहीं हो गए। वफ़ादारी एक पूरे चक्र की तरह लौट आई। यहाँ तक कि आपूर्तिकर्ताओं ने भी हमें उधार दिया। वह मेरे पा के सद्भाव की ताक़त थी। वह खड़े नहीं हो सकते थे, लेकिन उनके मूल्य सीधे खड़े थे।

जब चावल का पहला बोरा उधार पर आया, तो मैंने उसे प्रसाद की तरह छुआ। हर दाल का दाना ऐसा लग रहा था जैसे किसी ने प्रार्थना का जवाब दिया हो।

'हिनाली कैटरर्स' के तहत पहला ऑर्डर छोटा था, २५ लोगों के लिए एक जन्मदिन। लेकिन हमारे लिए, यह एक शाही शादी का अनुबंध सौंपे जाने जैसा था। मेरे पिता अपने बिस्तर पर लेटे हुए, निर्देश दे रहे थे, मेनू तय कर रहे थे, लागत संतुलित कर रहे थे, सजावट का सुझाव दे रहे थे। स्टाफ़ उनके चारों ओर एक गुरु के सामने छात्रों की तरह खड़ा था।

उन्होंने याद से नमक सही किया, स्वाद से नहीं। उन्होंने सहज ज्ञान से समय निर्धारित किया, घड़ी से नहीं। उन्होंने व्यंजनों के क्रम को वैसे ही व्यवस्थित किया जैसे एक कवि पंक्तियों को व्यवस्थित करता है, ताकि आख़िरी निवाला पहले को पूरा करे।

और मैं?

मैं अब बच्ची नहीं थी। मैं उनके सपनों का सामने का चेहरा थी। उनकी ख़ामोशी की आवाज़। उनकी बुद्धि के हाथ।

मैंने डॉक्टरों के स्कैन पढ़ने के तरीक़े से एक क्लाइंट का चेहरा पढ़ना सीखा, चिंता, जल्दी, गर्व, संदेह, और सिर्फ़ भोजन नहीं, बल्कि आश्वासन परोसना सीखा।

वह जन्मदिन का ऑर्डर दूसरे में बदल गया, फिर तीसरे में। धीरे-धीरे, जैसे सूखी नदी बारिश से भर जाती है, आशा लौट आई।

आशा गरजकर वापस नहीं आई। यह ताज़ी दाल से उठती भाप की तरह पहुँची, चुपचाप, अदृश्य रूप से, लेकिन कमरे को गर्माहट से भरते हुए।

नहीं, यह आसान नहीं था। कुछ दिन हमें नुक़सान हुआ। कुछ दिन हम सोए नहीं। कुछ दिन क्लाइंट्स ने हमें डाँटा और फिर भी हम मुस्कुराए। लेकिन हर एक प्लेट जो हमने परोसी, उसका मतलब पा के लिए थोड़ा और जीवन था।

हम कैटरिंग का व्यवसाय नहीं चला रहे थे, हम साहस पर चल रहे थे। हम विश्वास पर जीवित थे।

"जब आपकी पीठ दीवार से लगी हो, तो आप चमत्कार का इंतज़ार नहीं करते, आप स्वयं एक बन जाते हैं।"

मुझे एक शाम स्पष्ट रूप से याद है। पूरे इलाक़े की बत्ती गुल हो गई थी। उमस थी, अफ़रा-तफ़री थी। हमारी कैटरिंग टीम को उस गर्मी में १50 लोगों के लिए खाना तैयार करना था। मेरा भाई, मुश्किल से १0 साल का, बक्से ढोने में मदद कर रहा था। मेरी बहन काग़ज़ के नैपकिन मोड़ रही थी और बक्से सील कर

रही थी। और मेरे पिता लगातार हमें फ़ोन कर रहे थे। "करी में नमक चेक करो। वह परिवार हल्का पसंद करता है।"

पक्षाघात में भी, उन्हें क्लाइंट का स्वाद याद था। यही वह स्तर था जिसकी वह देखभाल करते थे।

जब जनरेटर आख़िरकार चालू हुआ और पहली ट्रे हमारे दरवाज़े से निकली, तो मैंने अपने अंदर कुछ वापस लौटते हुए महसूस किया, भाग्य नहीं, पैसा नहीं, गरिमा।

और उस रात, जब मेहमानों ने खाने की तारीफ़ की, मेरे पिता की आँखें नम हो गईं। वह उपस्थित नहीं हो सकते थे, वह हिल नहीं सकते थे, लेकिन वह हर स्वाद में वहाँ थे।

"ताक़त इस बात से नहीं मापी जाती कि आपका शरीर क्या उठा सकता है, बल्कि इससे कि आपका दिल क्या छोड़ने से इनकार कर देता है।"

उस व्यवसाय ने हमें अमीर नहीं बनाया, लेकिन इसने हमें हमारी गरिमा, हमारी लय, हमारा विश्वास वापस दे दिया। इसने दुनिया को, और हमें, याद दिलाया कि हम हारे नहीं हैं।

"कभी-कभी, उपचार दवा से नहीं आता है।

यह गति, उद्देश्य, और प्रेम से सिले विश्वास से आता है।"

हमने सिर्फ़ एक व्यवसाय फिर से शुरू नहीं किया। हमने ज़िंदगी फिर से शुरू की।

और जबकि ज़िंदगी लौट आई, छायाएँ भी कभी-कभी लौट आती थीं। कुछ रातों में, जब वह जाग रहे होते थे, तो पा फुसफुसाते थे कि उन्हें अपने पास एक उपस्थिति महसूस होती है, न क्रूर, न दयालु, बस देख रही है। हमने रहस्य का पीछा नहीं किया; हमने आदमी की रक्षा की। अगर उन छायाओं की कोई कहानी है, तो हम उसे किसी और दिन बताएँगे।

अगर इस अध्याय ने मुझे एक चीज़ सिखाई है, तो वह यह है, आपको उठने के लिए सही परिस्थितियों की ज़रूरत नहीं है। आपको सब कुछ अपनी जगह पर गिरने की ज़रूरत नहीं है। आपको बस एक कारण चाहिए। और हमारे पास एक था, हमारे पिता, हमारा परिवार, हमारा अस्तित्व।

लोग अक्सर तूफ़ान के गुज़र जाने का इंतज़ार करते हैं। लेकिन कभी-कभी, ज़िंदगी आपसे माँग करती है कि आप बारिश में नाचना सीखें। कि आप अपनी टूटी हुई मुट्ठियों को खोलें और फिर भी दुनिया को कुछ पेश करें, भले ही आपको लगे कि आपके पास कुछ नहीं बचा है।

हमें व्यवसाय के लिए प्रशिक्षित नहीं किया गया था। हमारे पास पूँजी या संपर्क नहीं थे। लेकिन हमारे पास कुछ बहुत बड़ा था, लड़ने का एक कारण, जागने का एक कारण, चलते रहने का एक कारण, और कभी-कभी, बस इतना ही काफ़ी होता है।

"सफलता आराम में पैदा नहीं होती। यह संकट में पनपती है, साहस से सींची जाती है, और उद्देश्य की आग से प्रकाशित होती है।"

जब आपकी ज़िंदगी टूटकर बिखर जाती है, तो आपके पास दो विकल्प होते हैं: टुकड़ों को आपको काटने दें... या उनका उपयोग करके कुछ नया बनाएँ। हमने दूसरा चुना।

इसे पढ़ने वाले किसी भी व्यक्ति के लिए, जो संघर्ष कर रहा है, अटका हुआ है, या चुपचाप पीड़ित है, यह जान लें:

आपको सब कुछ पता लगाने की ज़रूरत नहीं है। आपको बड़े क़दम उठाने की ज़रूरत नहीं है। बस एक ईमानदार क़दम उठाएँ। एक ईमानदार काम करें। एक भोजन पकाएँ। एक व्यक्ति के लिए आ जाएँ। आप इस तरह से पुनर्निर्माण करते हैं।

"सबसे निचला स्तर अंत नहीं है, यह नींव है। और आप, टूटे हुए भी, फिर से बनाने के लिए काफ़ी हैं।"

क्योंकि कभी-कभी, सबसे सफल यात्राएँ आत्मविश्वास से नहीं... बल्कि आँसुओं के माध्यम से फुसफुसाए गए साहस से शुरू होती हैं।

हमने विश्वास का पुनर्निर्माण किया।

हमने प्रेम क्या कर सकता है उसे फिर से लिखा।

और सबसे बढ़कर, हम खड़े रहे, तब भी जब सब कुछ हमें नीचे रखने की कोशिश कर रहा था।

पा की हालत नाज़ुक बनी रही, लेकिन उनकी आँखों में चमक वापस आ गई। वह चल नहीं सकते थे, लेकिन वह बैठ सकते थे और हमें देखकर मुस्कुरा सकते थे, कहानियाँ सुना सकते थे, वही पुराने चुटकुले सुना सकते थे।

और जब वह मुस्कुराते थे, तो ऐसा लगता था जैसे एक खिड़की खुल गई हो। ताज़ी हवा अंदर आई। घर को हँसी याद आ गई।

हम अब लाभ को रुपयों में नहीं गिनते थे, हम उन्हें ठीक होने में, पूरे भोजन में, उस हँसी में गिनते थे जो धीरे-धीरे लिविंग रूम में लौट आई थी। वह घर जो कभी ख़ामोशी से गूँजता था, अब फिर से शांत आशा के साथ गुनगुना रहा था।

कभी-कभी मैं अपने पा को बड़े पापा को घूरते हुए देखती थी, शब्दों से नहीं, बल्कि उस तरह के आभार से जो आत्मा से बोलता है।

एक रात, मैंने उन्हें एक साथ बैठे देखा। टीवी चल रहा था, लेकिन दोनों में से कोई नहीं देख रहा था। मेरे पा ने कुछ फुसफुसाया, और बड़े पापा ने बस अपना हाथ उनके कंधे पर रख दिया।

किसी ने "धन्यवाद" नहीं कहा। किसी को कहने की ज़रूरत नहीं थी।

क्योंकि असली प्रेम की भाषा में, कुछ बातें ख़ामोशी में समझ ली जाती हैं।

मेरे बड़े पापा महीनों तक ठीक से नहीं सोए। उन्होंने अपने लिए नए कपड़े नहीं ख़रीदे। उन्होंने अपनी सुख-सुविधाओं को त्याग दिया ताकि हम बाक़ी लोग

कुछ महसूस कर सकें। उन्होंने नौ लोगों को खिलाया, नौ दिलों को कपड़े पहनाए, और हमें एक बार भी यह महसूस नहीं कराया कि हम पर उनका कर्ज है।

वह बस कहते रहे, "हम साथ हैं, बस इतना ही काफ़ी है।"

और सचमुच, यह था।

अगर मैं कभी भूल जाऊँ कि अनुग्रह कैसा दिखता है, तो मुझे यह वाक्य याद रहेगा। इसने हमें रोटी से ज़्यादा खिलाया। इसने हमें कंबलों से बेहतर ढका।

सिर्फ़ सोलह साल की उम्र में, मुझे अपनी उम्र से ज़्यादा परिपक्व होने के लिए मजबूर किया गया। जबकि मेरे दोस्त फ़िल्मों और स्कूल ट्रिप की बात करते थे, मैं दवाओं की लागत और किराने के बिलों की गणना कर रही थी, रात में अपने पिता की छाती को धीरे-धीरे उठते हुए देख रही थी ताकि यह सुनिश्चित हो सके कि वह अभी भी साँस ले रहे हैं। मेरा बचपन ख़त्म नहीं हुआ, यह बदल गया। मैं अब सिर्फ़ एक किशोरी नहीं थी। मैं एक शांत योद्धा बन गई, जो हमारा दर्द थामे हुए थी।

"कुछ दयालुताएँ लौटाई नहीं जा सकतीं, उन्हें याद रखना पड़ता है।"

आज भी, जब हम एक परिवार के रूप में इकट्ठा होते हैं, तो हम क़रीब बैठते हैं। मैं अभी भी साझा प्लेटों से खाती हूँ। अभी भी एक-दूसरे का ध्यान रखते हैं, ठीक वैसे ही जैसे हमारे माता-पिता ने कभी ख़ामोशी और बलिदान में किया था।

हमारा बचपन बाधित हुआ था, हाँ। लेकिन इसे सबसे दुर्लभ प्रकार की शिक्षा का उपहार मिला था: कार्य में करुणा, बिना शर्त प्रेम, और वफ़ादारी जो बदले में कुछ नहीं माँगती।

"कभी-कभी, ज़िंदगी आपको इतना झुका देती है कि आपको लगता है कि आप टूट जाएँगे। लेकिन उन पलों में, आपको पता चलता है कि आप वास्तव

में किस चीज़ से बने हैं, और आपके साथ वास्तव में कौन खड़ा है।" हम डरे हुए थे, पर कभी टूटे नहीं।

और इन सब के मूल में पा और बड़े पापा थे, दो भाई जो न केवल खून से, बल्कि एक-दूसरे को कभी न छोड़ने के वादे से बंधे थे, चाहे उनके रास्ते में कुछ भी आए।

उन्होंने हमें दिखाया कि परिवार साझा डीएनए के बारे में नहीं है, यह साझा आँसू, साझा बोझ, साझा जीत, और अँधेरे में फुसफुसाई गई शांत प्रार्थनाओं के बारे में है।

उन्होंने दुनिया को एक सच्चाई याद दिलाई जिसे कई लोग भूल जाते हैं:

"शाही होने के लिए आपको धन की ज़रूरत नहीं है, आपको बस एक दिल चाहिए जो दूसरों का बोझ उठाने के लिए काफ़ी बड़ा हो।"

जैसे ही मैं इस अध्याय को बंद करती हूँ, मैं एक बात निश्चित रूप से जानती हूँ:

मैं बड़े पापा ने हमारे लिए जो किया, उसे कभी चुका नहीं पाऊँगी। लेकिन मैं अपना जीवन इस तरह जीऊँगी जो इसका सम्मान करे।

और जब वह दिन आएगा जब मुझसे पूछा जाएगा, "आपने परिवार का मतलब कैसे सीखा?" तो मैं मुस्कुराऊँगी, और कहूँगी:

"मैंने दो भाइयों को उनके जीवन के सबसे बुरे तूफ़ान में एक-दूसरे से प्रेम करते देखा। और वह प्रेम हमारा आश्रय बन गया।"

और अगर आप मुझसे पूछें कि चमत्कार कैसा दिखता है, तो मैं आसमान की ओर इशारा नहीं करूँगी। मैं हमारे लिविंग रूम की ओर इशारा करूँगी, एक बिस्तर, दो भाई, तीन बच्चे, चार हाथ खाना बनाते हुए, और एक घर जिसने फिर से साँस लेना सीखा। वहीं पर भगवान ने हमारे साथ रहना चुना।

***

अध्याय 5: एक और लड़ाई

"कुछ तूफ़ान खामोशी से आते हैं, बिना गड़गड़ाहट या बिजली के। वे परछाई की तरह चुपचाप आपके जीवन में उतर आते हैं, और इससे पहले कि आप कुछ समझें, जिस हवा में आप सांस लेते हैं वह भारी लगने लगती है, और आपके पैरों के नीचे की ज़मीन हिलने लगती है।"

हमें लगा था कि हमने काफ़ी तूफ़ान देख लिए हैं। वर्ष २०१४ ने हमारी दुनिया को एक तेज़ बाढ़ की तरह चीर डाला था, पीछे छोड़ गई थी पापा की टूटी हुई रीढ़ की हड्डी का मलबा और एक जीवन को टुकड़ों से वापस जोड़ने का लंबा, दर्दनाक संघर्ष। हम सायरन की बहरा कर देने वाली दहाड़, आईसीयू की बांझ ठंडक, और इस दिल तोड़ने वाले एहसास से बच गए थे कि हमारा जाना-पहचाना जीवन, चलने, खड़े होने, आज़ादी से हिलने-डुलने की क्षमता, हमेशा के लिए जा चुका था।

दो सालों तक, हम रिकवरी के एक भ्रामक शांत माहौल में रहे। हम पर ज़ख्म थे, हाँ, लेकिन हम किसी तरह काम चला रहे थे। हमने ज़ोरदार अशांति की जगह शांत सतर्कता को अपना लिया था। बचे हुए लोगों की ज़िद्दी निश्चितता के साथ हमें विश्वास था कि हमने अपने दुख का कोटा पूरा कर लिया है। पापा के स्थिर पैरों पर फुसफुसाई गई हर प्रार्थना, चिकित्सा ऋण को चुकाने के लिए किया गया हर बलिदान, फिजियोथेरेपी का हर लंबा, थका देने वाला महीना, हमने इसे एक पूर्ण भुगतान के रूप में देखा था। हमारी परीक्षा ली जा चुकी थी, हम बाढ़ में रस्सी की तरह आस्था को कसकर पकड़े हुए थे, और हमें यकीन था कि बाढ़ का पानी घट रहा है।

लेकिन जैसा कि हमने सीखा, जीवन अक्सर एक और, कहीं अधिक घातक परीक्षा लेता है, एक ऐसा तूफ़ान जो बिजली कड़कने के साथ नहीं आता, बल्कि जबरन सामान्यता की मुस्कान पहने हुए चुपचाप घर में घुस आता है। और इस तरह, २०१६ में, पापा को बिस्तर तक सीमित करने वाली दुर्घटना

के दो साल बाद, हम फिर से डर से मिले। इस बार, यह किसी धमाके से शुरू नहीं हुआ, बल्कि खामोशी से हुआ।

मुझे शुरुआती लक्षण स्पष्ट रूप से याद हैं, नैदानिक (clinical) नहीं, बल्कि पारिवारिक वाले। यह उस माँ में था जो पूछे जाने पर बहुत तेज़ी से मुस्कुराती थी कि क्या वह ठीक है, जिस तरह से वह अपने कंधे की मालिश दर्द से परे जाकर करती थी, या कैसे वह खुद एक छिपी हुई, अथक लड़ाई लड़ते हुए भी विस्तृत भोजन पकाती थी। रसोई में फुसफुसाहटें होती थीं जो बच्चों के कमरे में आते ही अचानक बंद हो जाती थीं। आधे-अधूरे वाक्य हवा में लटके रहते थे, जिसका अर्थ हमें बच्चों को नहीं समझना चाहिए था। हमने उसके छाती पर टिके हुए हाथ को देखा, बेचैनी का एक इशारा जो जल्दी ही एक घबराहट भरी आदत में बदल गया, और फिर, धीरे-धीरे, एक गाँठ जिसे कोई नहीं मानना चाहता था कि वह सिर्फ एक सूजन, एक अस्थायी परेशानी से ज़्यादा कुछ हो सकती है।

जब जीवन एक ऐसे परिवार को तोड़ना चाहता है जिसने पहले से ही बहुत कुछ सह लिया हो, तो जो दर्द लौटता है वह सिर्फ शारीरिक नहीं होता, यह पिछली लड़ाई की याद के साथ मिलकर और भी ज़्यादा भारी हो जाता है। डर गहरा होता है क्योंकि सहनशीलता का कुआँ पहले से ही आधा सूखा होता है। हमने अस्पताल की सीढ़ियों पर कदम रखने से पहले ही एंटीसेप्टिक की महक और खोखली गूंज को पहचान लिया था।

बड़ी माँ (हमारी दूसरी माँ) के छाती में एक छोटी गाँठ थी। शुरुआत में, उन्होंने इसे नज़रअंदाज़ कर दिया, जैसा कि माताएँ अक्सर करती हैं, एक पति की ज़रूरतें, अपनी बहन (मेरी माँ) की चिंताएँ, और अपने बच्चों की शिक्षा को अपने अंदर पल रही उस अजीब, बाहरी चीज़ से ऊपर रखती थीं। वह खाना बनाती रहीं, सफाई करती रहीं, मुस्कुराती रहीं, इस तरह चलती रहीं जैसे कुछ भी नहीं बदला हो। पापा की रिकवरी को संभालने के कारण पहले से ही नाज़ुक हो चुके घरेलू कार्यक्रम के लिए उनका बीमार पड़ना संभव ही नहीं था।

लेकिन उनके शरीर ने, जो बहुत लंबे समय तक एक मूक सेवक रहा था, आख़िरकार ऐसे सत्य फुसफुसाने शुरू कर दिए जिन्हें वह अब और नहीं छिपा सकती थीं। जब दर्द उनकी सहनशक्ति से ज़्यादा तेज़ हो गया, तो वह आख़िरकार, अनिच्छा से, डॉक्टर को दिखाने के लिए तैयार हो गईं। टेस्ट तुरंत और क्रूर स्पष्टता के साथ वापस आए। गाँठ सिर्फ एक गाँठ नहीं थी। यह एक ट्यूमर था। यह ख़बर उस घर पर दूसरे तूफ़ान की तरह आई जिसने पिछले तूफ़ान से अपनी छत का मरम्मत करना अभी तक पूरा नहीं किया था।

शुरुआती मशवरे में एक छोटी, अनिश्चित उम्मीद की किरण थी: डॉक्टर ने सुझाव दिया कि सर्जरी काफ़ी हो सकती है। ट्यूमर हटा दो, और सब ठीक हो जाएगा। हम उस संभावना से ऐसे चिपके रहे जैसे डूबता हुआ आदमी लकड़ी के टुकड़े से चिपका रहता है। हमने उस एक, संकीर्ण प्रक्रिया से आगे न सोचने की कोशिश की, अपनी सारी ऊर्जा उस दिन पर केंद्रित कर दी जब वह वापस २BHK में चलकर आएंगी, थोड़ी थकी हुई, लेकिन पूरी।

लेकिन ऑपरेशन के बीच में, डॉक्टर ने बड़े पापा (वह व्यक्ति जो पापा के दुर्घटना के बाद से परिवार की ताक़त बने हुए थे) को हॉल-वे में बुलाया।

मैं वहाँ नहीं थी, लेकिन वह दृश्य दोबारा बताने और मेरी अपनी प्रकाशित कल्पना के माध्यम से मेरी स्मृति पर छपा हुआ है। अस्पताल की चमकदार सफ़ेद दीवारें, एंटीसेप्टिक की महक, टिमटिमाती फ्लोरोसेंट लाइटें जो अप्रत्याशित निर्णयों के वज़न के साथ नाचती परछाइयाँ डाल रही थीं। बड़े पापा, ऑपरेटिंग थिएटर के दोहरे दरवाज़ों के बाहर खड़े थे, शायद थके हुए, शायद प्रार्थना कर रहे थे, लेकिन ख़बर के लिए पूरी तरह से तैयार नहीं थे।

"ट्यूमर घातक है," डॉक्टर ने कहा, उनकी आवाज़ सर्जिकल कमरे की दबी हुई आवाज़ों के विपरीत धीमी और नैदानिक थी। "यह कैंसर है। हमें पूरा स्तन हटाना होगा। घातकता व्यापक है। हम इंतज़ार नहीं कर सकते।"

बड़े पापा एक सेकंड के लिए चुप रहे। शायद दो। दुनिया उस कागज़ के एक टुकड़े तक सिमट गई होगी जिसे डॉक्टर ने बढ़ाया था, एक ऐसा फॉर्म जो एक

तत्काल, अपरिवर्तनीय चुनाव की मांग कर रहा था। वह घबराए नहीं। उन्होंने निदान, रसद, या उस वित्तीय टोल पर सवाल नहीं उठाया जो यह एक ऐसे परिवार पर डालेगा जो पहले से ही कर्ज से अपंग था। उन्होंने कागज़ को देखा, एक कानूनी दस्तावेज़ जो एक गहरे, दर्दनाक नुकसान को अधिकृत कर रहा था, और फिर दरवाज़ों की ओर देखा जिसके पीछे उनकी पत्नी बेहोश थीं।

और फिर, बिना किसी देरी के, उन्होंने बस कागज़ों पर हस्ताक्षर कर दिए।

यह एक ऐसा हस्ताक्षर था जिसने सिर्फ सर्जरी को अधिकृत नहीं किया; इसने सामूहिक दुख, डर, सुरक्षा, और उस प्रेम का वज़न उठाया जो भावना से ऊपर ज़रूरत को समझता है। यह क्रूर, तत्काल सुरक्षा का कार्य था। उस दिन, बड़े पापा ने केवल प्रक्रिया में तेज़ी लाकर एक जान नहीं बचाई। उन्होंने एक बार फिर साबित कर दिया कि बोझी होने का क्या मतलब होता है, वह जो अपने कंधों पर एक परिवार को ढोता है, भले ही वे कंधे दशकों से बिना आराम के उस अथक वज़न को वहन कर रहे हों।

बड़ी माँ सर्जरी के बाद घर आईं, नाज़ुक, टांके लगी हुई, पट्टियों में लिपटी हुई। और तभी नई, भयानक वास्तविकता सचमुच महसूस होनी शुरू हुई।

अब हमारे पास दो मरीज़ थे। मेरे पिता, कमर से नीचे अब भी लकवाग्रस्त, अब भी टूटी रीढ़ की हड्डी से उबर रहे थे, अब भी हमारे घर के केंद्र, लिविंग रूम, में अपने बिस्तर तक सीमित थे। और अब बड़ी माँ, पोस्टऑपरेटिव कमज़ोरी, सीमित गति, और एक शरीर के साथ जो अपने नए रूप, अपने स्थायी परिवर्तन को स्वीकार करना सीख रहा था।

हमारा घर हमेशा से छोटा था, एक मामूली २BHK अपार्टमेंट, लेकिन अब यह और भी छोटा महसूस हो रहा था। जगह की कमी के कारण नहीं, बल्कि इसलिए कि हर कोने में दुख और सतर्कता का केंद्रित वज़न था। हवा घनी थी, अब केवल रसोई से हल्दी और जीरा की महक से नहीं, बल्कि डेटॉल, एंटीसेप्टिक क्रीमों की तेज़, औषधीय गंध, और ताज़ी पट्टियों की धातु जैसी महक से। गोलियों के पैकेट डाइनिंग टेबल पर बिखरे पड़े थे, एक ढेर पापा के

लिए, एक बड़ी माँ के लिए, लड़ी जा रही दोहरी लड़ाइयों का प्रमाण। चादरें लगातार मोड़ी और खोली जाती थीं। हमारा अपार्टमेंट अब घर नहीं था; यह एक दो-तरफ़ा युद्ध का मैदान था, और हम में से हर एक को अपनी चौकी की रखवाली करनी थी, एक विशिष्ट कर्तव्य निभाना था।

कोई नर्स नहीं थी, कोई पूर्णकालिक सहायक नहीं था। वहाँ केवल परिवार था।

मेरी माँ, बड़ी माँ की बहन और पापा की पत्नी, एक बार फिर शांत योद्धा बन गईं। उनकी दिनचर्या अथक थी। हर सुबह, वह पहले बिस्तर पर पापा को नहलाती थीं, उनके भारी, असहयोगी शरीर को उठाने और स्पंज करने की परिचित, कठिन प्रक्रिया। फिर, वह बड़ी माँ के बिस्तर के पास जाती थीं, ताज़े, दर्दनाक सर्जिकल घाव की देखभाल करती थीं, कोमलता और सीमित गतिशीलता का ध्यान रखती थीं।

उन्होंने कभी थकावट नहीं दिखाई, खुले तौर पर नहीं, इस तरह से नहीं कि ध्यान आकर्षित हो, लेकिन मैंने इसे उनकी आँखों के नीचे गहरे होते घेरों में, एक लंबे दिन के अंत में उनके हाथों में हल्की कंपकंपी में देखा। यह उस तरह की थकावट थी जो नींद के आगे हार नहीं मानती, बल्कि अगली सुबह तक बस जीवित रहती है।

उनके हाथ, जो कभी नाज़ुक थे, ट्यूशन लिखने और आस-पड़ोस के बच्चों को अक्षर सिखाने में कुशल थे, अब वे हाथ थे जो भारी वयस्क शरीर उठाते थे, घावों को स्पंज करते थे, IV ट्यूबों को समायोजित करते थे और भोजन को सावधानी से मापते थे। उनकी गोद अब वह जगह नहीं थी जहाँ हम सहारा पाते थे; यह वह जगह थी जहाँ वह चुपचाप रोने के लिए खर्च हुई ताक़त जुटाती थीं।

हम तीनों बच्चे तो उम्र के हिसाब से बस बड़े हो रहे थे, लेकिन ज़िंदगी ने हमें हमारी उम्र से कहीं ज़्यादा आगे धकेल दिया था। मैं उस समय सोलह साल की थी, पर खुद को तीस की महसूस करती थी। मेरा भाई और बहन मुश्किल

से बारह साल के थे, उनकी उम्र अभी पतंगें उड़ाने और होमवर्क करने की थी, लेकिन मैं उन्हें तौलिए पकड़ते, तकिये ठीक करते और माँ के हाथ भर जाने पर पापा को चावल के छोटे-छोटे कौर खिलाते देखती थी।

एक सुबह, मेरे बारह साल के भाई का दृश्य मेरे साथ गहराई से गूंज उठा। वह पापा के सिर को धीरे से उठा रहा था, अपने छोटे हाथों से पापा की दाढ़ी को थामे हुए था, और पानी पीने के बाद उनके मुँह को रूमाल से पोंछ रहा था। वह काम से नहीं हिचका। उसने शिकायत नहीं की। उसने प्रशंसा के एक शब्द की तलाश भी नहीं की। क्योंकि हमारे घर में, दयालुता सिखाई नहीं जाती थी; वह अवशोषित की जाती थी, जैसे सूरज की रोशनी एक खिड़की से अंदर आती है जिसके बारे में आपको पता भी नहीं था कि वह खुली है। ज़िम्मेदारी वह हवा थी जिसमें हम साँस लेते थे।

मेरी बहन भी चुपचाप अपने साहस में बड़ी हुई, शरीर को नहीं, बल्कि आत्मा को ठीक करने के तरीके ढूँढ़ती रही। वह बड़ी माँ के पास बैठती थीं, और उनके बालों को सावधानी से, जानबूझकर कंघी करती थीं, ताकि उन्हें अपने शारीरिक बदलाव का पूरा वज़न अकेले महसूस न हो। उन्होंने छोटी, ज़रूरी सच्चाइयाँ बोलीं। एक दिन, उन्होंने तो उनकी चोटी में फूल भी लगा दिए, बड़ी माँ के पीले चेहरे के खिलाफ़ छोटे, जीवंत रंग, और फुसफुसाते हुए कहा, “आप अब भी सुंदर हैं।” एक बच्चे द्वारा कहे गए उन शब्दों में किसी भी डॉक्टर द्वारा दी गई दवा से ज़्यादा गहरी, मौलिक उपचार शक्ति थी। वे शुद्ध, अपरिष्कृत प्रेम का अनियंत्रित सत्य थे।

और बड़े पापा ?

वह गुरुत्वाकर्षण थे जिसने हमें अपनी जगह पर थामे रखा।

जब महिलाओं ने तत्काल, अंतरंग देखभाल का प्रबंधन किया, उन्होंने बाहरी दुनिया का प्रबंधन किया, इसे हमारे नाज़ुक बुलबुले पर टूटने से रोका। उन्होंने दवाओं की जटिल सूची की व्यवस्था की, कैंसर की दवाएँ, पोस्ट-ऑप एंटीबायोटिक्स, दर्द निवारक, पापा की तंत्रिका दवा की अंतहीन आपूर्ति।

उन्होंने मेडिकल अपॉइंटमेंट और फॉलो-अप स्कैन का आयो जन किया जो आगे आने वाले थे। उन्होंने तब सुना जब हम बोलने के लिए बहुत टूटे हुए थे, हमारे मूक डर को आत्मसात किया और उन्हें कार्रवाई में बदल दिया। हर रात, बिना चूके, वह पापा के बिस्तर के पास हाथ जोड़कर खड़े होते थे और लंबी, स्थिर प्रार्थनाएँ फुसफुसाते थे, केवल उपचार के लिए नहीं, बल्कि अगले दिन का सामना करने की ताक़त के लिए।

उन्होंने खुद को कभी भी सामान्य, विनाशकारी प्रश्न पूछने की विलासिता नहीं दी: "हम ही क्यों?"

उन्होंने बस अराजकता को देखा और एक अटूट वादे की ताक़त के साथ कहा: "हम संभाल लेंगे।"

और हमने संभाला भी। नींद न आने वाली रातों के बीच, जीर्ण-शीर्ण रसोई के काउंटर पर जमा होने वाले अंतहीन बिलों के बीच, छत में दरारों के बीच जो हमारे घटते बैंक खातों के साथ चौड़ी होती जा रही थीं, और उस थकावट के बीच जो धूल की तरह हमारी त्वचा से चिपकी रहती थी।

कभी-कभी, रातें सबसे कठिन होती थीं। छत का पंखा ऊपर नीरस रूप से घूमता था, बाहर गली के कुत्ते अपनी परिचित आवाज़ निकालते थे, लेकिन अंदर, खामोशी भारी थी, अनकहे डर से भरी हुई थी। हम बच्चे सोने का नाटक करते थे, हमारे शरीर शांत थे, लेकिन हमारे कान तनावग्रस्त थे, कदमों की धीमी आहट, पट्टी की सरसराहट, एक बिस्तर से दूसरे बिस्तर पर जाती हमारी माताओं की धीमी, स्थिर फुसफुसाहट सुनते थे, जो समायोजन करती थीं, सांत्वना देती थीं, अपने होठों के नीचे प्रार्थनाएँ फुसफुसाती थीं, एक शांत, पवित्र पहरा। उन रातों ने हमें सिखाया कि सच्चा साहस ज़ोरदार आवाज़ों या भव्य इशारों के साथ नहीं आता; यह शांत, अनदेखे धैर्य के साथ आता है।

बड़ी माँ ने, अपने तीव्र पोस्ट-ऑपरेटिव दर्द में भी, लगातार हंसमुख रहने की कोशिश की। "कम से कम," उन्होंने एक बार मज़ाक में कहा, उनकी आवाज़ कमज़ोर थी लेकिन उनकी पुरानी भावना की एक झलक थी, "मेरे पास अब

भी एक अच्छा हाथ है जिससे मैं हल्का रात का खाना बना सकती हूँ।" उनका चेहरा पीला था, उनकी आँखें थकी हुई थीं, उनके शरीर पर लड़ाई के निशान थे, लेकिन उनकी आत्मा, वह बिल्कुल नहीं टूटी थी।

कभी-कभी, वह पापा के बिस्तर के बगल में बैठ जाती थीं, उनकी अपनी पट्टी लगी छाती दर्द कर रही होती थी, और पापा की बांह पर सावधानी से हाथ रखती थीं। "अगर हम यहाँ तक आ गए हैं," वह कहती थीं, उनकी आवाज़ धीमी और स्थिर थी, "तो हम और आगे जाएंगे।" और वह सिर हिलाते थे, उनकी आँखें उन पर टिकी होती थीं, क्योंकि वे केवल देवर-भाभी नहीं थे। वे दुख में भाई-बहन थे, वर्षों के साझा साहस, बलिदान, और परिवार को एकजुट रखने के एक अनकहे समझौते से बँधी दो आत्माएँ थीं।

वे इस बात का जीता-जागता प्रमाण थे कि "सच्चा साहस तब होता है जब टूटे हुए लोग भी दूसरों को उठने में मदद करने के लिए हाथ बढ़ाते हैं।"

घर में अब कभी भी पूरी तरह से खामोशी नहीं रहती थी, इसलिए नहीं कि ज़ोरदार शोर था, बल्कि इसलिए कि आशा वापस आ गई थी और हर जगह बस गई थी: धीमी गति से पके हुए भोजन की सुगंध में जो बड़ी माँ बड़ी मेहनत से बनाती थीं, मेडिकल चार्टों पर देर तक जलने वाली मंद रोशनी में, और सबसे शक्तिशाली रूप से, जिस तरह से हम एक-दूसरे को देखते थे, एक छत के नीचे अलग-अलग परिवारों के रूप में नहीं, बल्कि संकट से तालमेल बिठाए हुए एक ही, धड़कते दिल के रूप में। उस घर में स्वार्थ के लिए कोई जगह नहीं थी। वहाँ केवल अनुग्रह के लिए जगह थी।

बुलावा गया, और परिवार ने जवाब दिया। रिश्तेदार एक के बाद एक आए, माँ की बहनें, चचेरे भाई-बहन, दूर के रिश्तेदार जिनसे हमने बरसों बात नहीं की थी। वे सिर्फ मिलने नहीं आए; वे घेराबंदी में शामिल हो गए। कोई खाली हाथ नहीं आया। कोई पोषण के रूप में फल लाया। कोई ऐसा स्नैक्स लाया जिसे बच्चे जल्दी खा सकें। कोई रात भर रुका, एक शांत, महत्वपूर्ण विनिमय ताकि मेरा भाई कुछ घंटे बिना किसी रुकावट के सो सके। ऐसे क्षणों में, आप

सीखते हैं कि "परिवार" का वास्तव में क्या मतलब है, यह वे नहीं हैं जो त्योहारों के दौरान आते हैं जब घर रोशन होता है। यह वे हैं जो तब दिखाई देते हैं जब सारी बत्तियाँ बुझ चुकी होती हैं।

कुछ रातें, हमारा लिविंग रूम घर से ज़्यादा एक वेटिंग रूम जैसा लगता था, प्लास्टिक की कुर्सियाँ दीवार के साथ कतार में लगी थीं, चाय के थर्मस चुपचाप पास किए जा रहे थे, और प्रार्थनाओं की धीमी फुसफुसाहट जो कभी नहीं रुकी। जब लोग पैसे नहीं दे सकते थे, तो उन्होंने अपना समय दिया, अपनी उपस्थिति दी, अपना धैर्यपूर्वक सुनना दिया। और कभी-कभी, वह सोने से कहीं ज़्यादा मूल्यवान होता था। मेरे एक रिश्तेदार ने पापा के लिए रियायती फिजियोथेरेपी सत्रों की व्यवस्था की। मेरी माँ की बहन बड़ी माँ के पास बैठी, उनके बाल कंघी करती थीं और उनका साथ देती थीं, जबकि वह ठीक होने के दर्द और भविष्य की भयावह अनिश्चितता से जूझ रही थीं। ये सिर्फ मुलाकातें नहीं थीं, ये जीवन रेखाएँ थीं, जो साझा स्मृति और इतिहास के एक नेटवर्क द्वारा एक साथ बुनी गई थीं।

उन्होंने मुझे एक सच्चाई याद दिलाई जिसे मैं कभी नहीं भूलूंगा: "जन्म से आपको खून जोड़ सकता है। लेकिन प्यार आपको चुनाव से जोड़ता है। और उस तरह का बंधन अटूट होता है।"

इस तूफ़ान में भी, जीवन की अनिवार्य लय जारी रहनी थी। स्कूल कभी नहीं छूटा। होमवर्क अब भी किया जाता था, अक्सर एक घुटने पर संतुलित करके जबकि एक हाथ में मेडिकल चार्ट होता था। भोजन अब भी बनाया जाता था। कपड़े अब भी मोड़े जाते थे। शायद पूरी तरह से नहीं, लेकिन प्यार से। हम जीना बंद नहीं कर सकते थे। मेरी छोटी बहन ने, गहरी, कोमल सहानुभूति के एक कार्य में, एक बार दोनों मरीज़ों के लिए हाथ से बने कार्ड बनाने के लिए पूरी रात जागकर बिताई, यह समझाते हुए, "उन्हें देखने के लिए कुछ ख़ुश होना चाहिए।"

उस सुबह, जब पापा उठे, तो उन्होंने अपने ऊपर दीवार पर एक कागज़ का सितारा चिपका हुआ पाया जिस पर लिखा था: "आप मेरे हीरो हैं।" उनके बगल में, बड़ी माँ की बेडसाइड टेबल पर एक कार्ड था जिस पर कांपते हुए ग्लिटर से लिखा था: "मम्मी, आप दर्द से ज़्यादा मज़बूत हैं।" कागज़ के उन नाज़ुक टुकड़ों में एक ऐसी ताक़त थी जो कीमोथेरेपी और दवाएँ भी प्रदान नहीं कर सकती थीं, गहराई से, निस्संदेह प्यार किए जाने की ताक़त।

बाद में उस रात, हमने एक छोटा, अनियोजित उत्सव मनाया। हमारे लिविंग रूम को मेरी बहन द्वारा बनाए गए कागज़ के सितारों से सजाया गया था। वहाँ आटा और चीनी से नहीं, बल्कि क्रीम के साथ बिस्कुट की परतों से बना एक केक था, और चावल के एक छोटे कटोरे में मोमबत्तियाँ फँसाई गई थीं। कोई मेहमान नहीं था, कोई संगीत नहीं था, कोई धूमधाम नहीं थी। बस तालियाँ, राहत से भरी शांत हँसी, और आँखें जो तब चुपचाप भर गईं जब कोई नहीं देख रहा था।

हमें पार्टी की ज़रूरत नहीं थी। हमारे पास एक-दूसरे थे।

मुझे वह रात दरवाज़े पर खड़े होकर, थोड़ी दूरी से देखते हुए याद है। महीनों में पहली बार, मैंने ऐसी हँसी सुनी जो ज़बरदस्त नहीं थी, ऐसी हँसी जो अर्जित महसूस हुई। पापा हल्के से मुस्कुराए, उनका चेहरा छोटे से प्रयास से ऊपर उठा। बड़ी माँ ने अपने एक मज़बूत हाथ से ताली बजाने की कोशिश की, और मेरे दादा-दादी के चेहरे मोमबत्ती की नरम रोशनी में चमक उठे। यह कोई भव्य उत्सव नहीं था, यह एक भयंकर, छोटी जीत थी, इस बात का प्रमाण कि टूटने में भी, खुशी अंदर घुसने और आगे का रास्ता रोशन करने का रास्ता ढूंढ लेती है।

कभी-कभी, मैं रात में बाथरूम की खिड़की पर खडी होती थी, विशाल, उदासीन शहर को देखता था और सितारों से फुसफुसाता था, "कृपया चीज़ों को बेहतर बना दो।" इसलिए नहीं कि मुझे डॉक्टरों पर विश्वास नहीं था, बल्कि इसलिए कि जब हर भौतिक चीज़ टूटी हुई हो, जब बिल चुकाने योग्य न हों

और रोग का निदान अनिश्चित हो, तो आस्था ही वह गोंद है जिसे आपको कसकर पकड़ना होता है।

"जब दुनिया आपको कुछ नहीं देती, तो एक-दूसरे को सब कुछ दे दो।"

एक दिन, मैंने पापा को मुस्कुराते हुए पकड़ा, उनकी निगाहें बड़े पापा पर टिकी थीं, जो चुपचाप और व्यवस्थित रूप से कमरे के कोने में टूटी हुई कुर्सी को ठीक कर रहे थे। पापा का शरीर अभी भी कमज़ोर था, उनका जीवन सीमित था, लेकिन उनकी आत्मा भरी हुई थी, अपने भाई को घरेलू रखरखाव का एक सरल, स्थिर कार्य करते हुए देख रही थी। उन्होंने मुश्किल से श्रव्य रूप में बात की, शब्द उनके गले में कसे हुए थे: "अब वह मेरे पैर हैं।"

और वह थे भी।

वह एक वाक्य मैं कभी नहीं भूली। यह सिर्फ एक पंक्ति नहीं थी; यह एक मन्नत थी, गहरे पारस्परिक निर्भरता का एक बयान। पापा खड़े नहीं हो सकते थे, लेकिन उनके पास कोई था जो उनके लिए खड़ा था, जो उनके लिए चलता था, जिसने उनकी गतिशीलता और परिवार की स्थिरता का बोझ उठाया। इसने मुझे सिखाया कि कभी-कभी जीवन क्षमताएँ छीन लेता है, लेकिन यह कभी भी प्यार नहीं छीनता, जब तक आप उसे जाने न दें।

जब कोई परिवार तनाव में टूट जाता है, तो लोग अक्सर अलग हो जाते हैं, व्यक्तिगत भागने की तलाश करते हैं। लेकिन हम नहीं। हम और कसकर खिंच गए। हम एक-दूसरे से जुड़ी हुई बांहों और ज़िम्मेदारियों की एक गाँठ बन गए, जिसे खोलना या काटना असंभव था।

जब लोग आज मुझसे पूछते हैं कि ताक़त कैसी दिखती है, तो मैं उस घर की ओर इशारा करता हूँ, जहाँ दो मरीज़ धीरे-धीरे ठीक हो रहे थे, तीन बच्चे तेज़ी से बड़े हो रहे थे, और एक परिवार चुपचाप वह सबसे शक्तिशाली कहानी लिख रहा था जिसे मैंने कभी जाना है। यह जीवित रहने की एक कहानी थी, जो कागज़ पर नहीं, बल्कि रोज़मर्रा के जीवन की खाइयों में लिखी गई थी।

"जीवन की सबसे गहरी घाटियों में, आप अपनी आत्मा के भीतर सबसे ऊँचे पहाड़ की खोज करते हैं।"

एक किशोर के रूप में भी, मैंने उन चीज़ों की माँग करना बंद कर दिया जिन पर अधिकांश बच्चे ध्यान केंद्रित करते थे, नए कपड़े, बड़ी जन्मदिन की पार्टियाँ, सप्ताहांत की सैर। मेरी इच्छाएँ आवश्यक चीज़ों तक सिमट गईं: स्थिरता, सुरक्षा, स्वास्थ्य। मैं एक मूक पर्यवेक्षक बन गयी थी, जीवन के सबसे कठिन सबक पाठ्यपुस्तकों से नहीं, बल्कि थके हुए हाथों, फुसफुसाई गई प्रार्थनाओं, और दीयों से ज़्यादा उम्मीद से भरी रातों से सीख रही थी।

"हम में से कुछ तब बड़े होते हैं जब जीवन हमें कोई विकल्प नहीं देता। लेकिन इसका मतलब यह नहीं है कि हम खाली बड़े हुए, इसका मतलब है कि हम अनुग्रह से भरे हुए बड़े हुए।"

मैंने जीवन को वर्षों में नहीं, बल्कि उठाई गई ज़िम्मेदारियों में मापना सीखा। सोलह साल की उम्र में, जब दूसरे करियर के सपनों की बात करते थे, तो मैं मेडिकल बिलों की बात करता था, अपने सिर में परिशोधन दरों की गणना करता था। जब मेरे दोस्त अपनी अंतिम परीक्षा की चिंता करते थे, तो मैं इस बात की चिंता करती थी कि पापा की महत्वपूर्ण रक्तचाप की दवा समय पर पहुँचेगी या नहीं। वह बचपन, लापरवाह बचपन, चोरी हो गया था, लेकिन बदले में, जीवन ने मुझे लचीलापन, सहानुभूति, और व्यावहारिक संकट प्रबंधन में एक ऐसी शिक्षा सौंपी जो कोई विश्वविद्यालय कभी नहीं दे सकता था।

अब पीछे मुड़कर देखता हूँ, तो मुझे एहसास होता है कि मेरे बड़े पापा ने केवल घर को आर्थिक रूप से नहीं ढोया; उन्होंने घर की आत्मा को ढोया। वह वही थे, जो बैंक ऋणों और डॉक्टर के फोन कॉल से निपटते हुए भी, गैस बंद करना याद रखते थे, जो शेल्फ से गिरी हुई दवाइयाँ साफ़ करते थे, जो अभी भी विशेष अवसरों पर घर मिठाई लाना याद रखते थे, वे छोटे इशारे जो सामान्यता के भ्रम को बनाए रखते थे।

तब भी जब वह थके हुए थे, शारीरिक और आध्यात्मिक रूप से थके हुए थे। तब भी जब वह डरे हुए थे, एक डर जिसे उन्होंने कभी ज़ाहिर नहीं किया। तब भी जब देने के लिए कुछ नहीं बचा था, उन्होंने और दिया।

कभी-कभी मैं उन्हें हमारे जीवित रहने के अनदेखे लेखक के रूप में सोचता हूँ, बिना कलम पकड़े बलिदान के बाद एक अध्याय लिखते हुए। उनकी लिखावट हर चुकाए गए बिल, परोसे गए हर भोजन, हर शांत क्षण में थी जब वह मज़बूत खड़े थे जबकि हम बाकी लोग अपने-अपने दुखों में टूट रहे थे।

हम उनके लिए सब कुछ के ऋणी हैं। और नहीं, मैं उन्हें कभी वापस नहीं चुका सकता, लेकिन मैं उनके मूल्यों को आगे बढ़ा सकता हूँ। मैं उनकी शांत सहनशक्ति के लिए प्रयास कर सकता हूँ।

हर रिश्तेदार को जिसने हमारे साथ खड़े होकर, हर चचेरे भाई-बहन को जिसने हाथ पकड़ा, हर बहन को जिसने बिना पूछे आँसू पोंछे, धन्यवाद। आपने हमें केवल जीवित रहने में मदद नहीं की; आपने हमें याद दिलाया कि सच्चा, बलिदानी प्रेम किससे बना होता है।

और दुनिया से, मैं यह कहता हूँ:

आपको शाही होने के लिए महलों की ज़रूरत नहीं है। आपको शक्तिशाली होने के लिए पूर्णता की ज़रूरत नहीं है। आपको बस प्यार चाहिए, अपने सबसे कच्चे, सबसे अपरिष्कृत रूप में।

क्योंकि प्यार, जब आपदा के बीच में खड़ा होता है, तो वह एक चमत्कार बन जाता है जिसे किसी ने आते हुए नहीं देखा था। यह वह नींव बन जाता है जो तब थामे रखती है जब बाकी सब टूट जाता है।

"महानता इस बारे में नहीं है कि आप क्या बनाते हैं, यह इस बारे में है कि सब कुछ गिरने के बाद भी आप किसे खड़ा रखते हैं।"

और फिर भी, कुछ और था, कुछ जिसके बारे में हमने शायद ही कभी बात की हो, कुछ जो केवल रात के सबसे गहरे, सबसे शांत हिस्सों में दिखाई देता

था। रातें जब खामोशी बहुत भारी लगती थी, बहुत पूरी। रातें जब पापा, जो सामान्य रूप से स्पष्ट और व्यावहारिक थे, फुसफुसाते थे कि उन्हें अपने बिस्तर के पास परछाइयाँ महसूस होती हैं, जैसे कि अनदेखे हाथ उन्हें खींच रहे हों, उन्हें दूर ले जाने की कोशिश कर रहे हों। एक ठंडक छोटे से कमरे में छा जाती थी, एक एहसास कि कुछ विशाल और आध्यात्मिक उनकी आत्मा के लिए प्रतिस्पर्धा कर रहा था। हमने इसे पूरी तरह से दुनिया के साथ कभी साझा नहीं किया। हमने इसे प्रार्थनाओं में, बिस्तर के फ्रेम से बँधे सुरक्षा धागों में, और एक दीया (तेल का दीपक) की नरम, अटूट चमक में लपेट दिया जो रात भर जलता रहता था। कुछ लोगों के लिए, ये चीज़ें अंधविश्वास या डर लग सकती हैं। हमारे लिए, वे एक शक्तिशाली अनुस्मारक थे: जब जीवन मौत के इतने करीब चलता है, तो दोनों के बीच की रेखा बहुत पतली हो जाती है। हो सकता है, एक दिन, यह कहानी, यह आधा-रहस्य, आधा-सत्य, अपनी खुद की किताब की मांग करे। अभी के लिए, यह हमारी सामूहिक स्मृति के अनकहे, पवित्र कोनों में टिकी हुई है।

और इन सब के बावजूद, मैंने दो भाइयों, पापा और बड़े पापा , को अपने परिवार को शांत, वफादार, अजेय योद्धाओं की तरह ढोते हुए देखा।

उन्होंने हमें सिखाया कि दर्द आपको झुका सकता है, लेकिन यह आपको तोड़ नहीं सकता, जब आप एक-दूसरे को थामे रखते हैं।

उन्होंने हमें सिखाया कि जीवन इस बारे में नहीं है कि आपके साथ क्या होता है, बल्कि इस बारे में है कि जब ऐसा होता है तो आप कैसे प्रतिक्रिया करते हैं।

और सबसे बढ़कर, उन्होंने हमें यह सिखाया:

"ताक़त इस बात से साबित नहीं होती कि आप क्या जीतते हैं, यह इस बात से साबित होती है कि आप कैसे आगे बढ़ते रहते हैं, तब भी जब आपके नीचे की सड़क पहले ही ढह चुकी हो।"

***

अध्याय 6: क्वारंटाइन में, पर कभी अकेले नहीं

"कुछ सबक स्कूलों में नहीं सिखाए जाते या किताबों में नहीं लिखे जाते, उन्हें जिया जाता है, उन शांत पलों में जब दुनिया रुक जाती है, और आपके पास एक-दूसरे के सिवा कुछ नहीं बचता।"

जब दुनिया थम गई, तो हमारा घर जितना पहले कभी नहीं था, उससे कहीं ज़्यादा मुखर हो गया, शोर से नहीं, बल्कि अर्थ से। २०२० में, जब "लॉकडाउन" शब्द एक सार्वभौमिक सज़ा बन गया, तो हमने खुद को अपने छोटे से घर की चार दीवारों के भीतर घिरा हुआ पाया, कैदियों के रूप में नहीं, बल्कि एक अविभाजित परिवार के रूप में। एक घर में नौ लोग।

COVID-19 ने सब कुछ बदल दिया, जिस तरह से हम साँस लेते थे, उससे लेकर जिस तरह से हम विश्वास करते थे, उस तक।

बाहर, दुनिया डर से भरी हुई थी। समाचार चैनल चिल्ला-चिल्लाकर संख्याएँ बता रहे थे। मास्क अनिवार्य हो गए थे, दूरी एक कानून बन गई थी। सायरन ने ट्रैफ़िक की जगह ले ली थी। अस्पताल भर गए थे। दरवाज़े कसकर बंद हो गए थे। लेकिन हमारे घर के अंदर, कुछ खुल गया।

हमारे पास अतिरिक्त जगह या विलासिता नहीं थी, लेकिन हमारे पास कुछ दुर्लभ था: साथ होना। एक ऐसे समय में जहाँ अलगाव वैश्विक मानदंड था, हम हर दिन एक-दूसरे की उपस्थिति में लिपटे रहते थे। वही फ़र्श, वही छत, वही भोजन, लेकिन नौ अलग-अलग आत्माएँ एक-दूसरे पर पहले से कहीं ज़्यादा भरोसा कर रही थीं।

केवल एक व्यक्ति बाहर निकलता था, बड़े पापा।

उन्हें ही घर से बाहर निकलने की अनुमति थी क्योंकि वह एक ऐसी कंपनी के लिए काम करते थे जो COVID आइसोलेशन केबिन बनाती थी। उन भयानक महीनों में भी, जब ज़्यादातर लोग दूध या दवा के लिए बाहर कदम रखने से डरते थे, बड़े पापा अपना मास्क पहनते थे, अपना बैग लेते थे, और

सूरज उगने से पहले निकल जाते थे, साहसिक यात्रा के लिए नहीं, बल्कि कर्तव्य के लिए।

वह सिर्फ अपनी तनख्वाह लेकर घर नहीं आते थे। वह साहस लेकर आते थे। वह न केवल किराने का सामान या दवाइयाँ वापस लाते थे, बल्कि यह आश्वासन भी लाते थे कि अनिश्चितता की दुनिया में भी, हमें त्यागा नहीं गया है।

हर शाम, जब मुख्य दरवाज़ा खुलने की 'क्लिक' की आवाज़ आती थी, तो हम सभी थम जाते थे, उनके कदमों को सुनने के लिए, उस परिचित, शांत आवाज़ को सुनने का इंतज़ार करते थे। कभी-कभी वह थके हुए कंधों के साथ प्रवेश करते थे, उनका चेहरा मास्क के स्ट्रैप्स से चिह्नित होता था। लेकिन तब भी, वह मुस्कुराते थे।

वह इसलिए नहीं मुस्कुराते थे कि जीवन आसान था, बल्कि इसलिए कि वह नहीं चाहते थे कि हमें महसूस हो कि यह कितना कठिन था।

"कुछ लोग दुनिया की सेवा के लिए वर्दी पहनते हैं। कुछ लोग बस जिम्मेदारी पहनते हैं, और उसे कभी नहीं उतारते।"

वह थे बड़े पापा। वह कभी भी आना बंद नहीं हुए, न तब जब शहर बाढ़ में डूब गया, न तब जब पा एक नहर में गिर गए, न तब जब बड़ी माँ ने कैंसर से लड़ाई लड़ी, और न अब, एक वैश्विक महामारी के दौरान।

और हम बाकी? हम आख़िरकार साथ थे, हर दिन का हर मिनट। और किसी तरह, उस सारी अराजकता के बीच, हमने उन तरीकों से ठीक होना शुरू कर दिया जिनकी ज़रूरत हमें पता ही नहीं थी।

हम हर शाम एक फ़िल्म देखते थे, एक नई रस्म जो हमारी मुक्ति बन गई। इससे कोई फ़र्क नहीं पड़ता था कि वह कोई पुरानी ब्लैक एंड व्हाइट क्लासिक थी, एक मूर्खतापूर्ण कॉमेडी, या एक फ़िल्म जिसे हम पहले ही तीन बार देख चुके थे। उन दो घंटों के लिए, बाहर की भारीपन पिघल जाती थी। हम पास बैठते

थे, कभी फ़र्श पर कंबल लेकर, कभी घर पर बने पॉपकॉर्न की प्लेटों के साथ। स्क्रीन टिमटिमाती थी, ऊपर पंखा चरमराहट करता था, और हमारी हँसी उन दीवारों से टकराती थी जो कभी चिंता से गूंजती थीं।

एक रात, एक थ्रिलर देखते हुए, मेरा छोटा भाई तकिए से अपनी आँखें ढके हुए था। मेरे दादाजी, उसे सांत्वना देने के बजाय, अपने खुद के साउंड इफ़ेक्ट जोड़ने लगे, भूतिया आवाज़ें निकालने लगे जब तक कि हम सभी इतनी ज़ोर से नहीं हँसे कि पड़ोसी शायद दीवारों के पार सुन सकते थे। हमारे घर में डर भी कॉमेडी बन गया था।

मेरी बहन और मैंने रसोई में प्रयोग किए, ऐसे व्यंजनों को आज़माया जिन्हें हमने तब तक केवल YouTube पर देखा था। कुछ आश्चर्यजनक रूप से अच्छे बने। कुछ जले हुए बर्तनों और बहुत ज़्यादा नमक में समाप्त हुए, लेकिन किसी ने शिकायत नहीं की। हमने अपनी गलतियों पर हँसे और फिर भी उन्हें परोसा।

एक बार, हमने प्रेशर कुकर में केक बनाने की कोशिश की। हम बेकिंग पाउडर डालना भूल गए, और वह कुछ ऐसा बन गया जो क्रिकेट बॉल से ज़्यादा कठोर था। मेरे दादाजी ने मज़ाक में सुझाव दिया कि हमें इसे आत्मरक्षा के लिए रखना चाहिए, जबकि मेरी दादी ने कहा, "कम से कम इसमें केक जैसी खुशबू तो आ रही है!" वह हफ़्तों तक हमारा पारिवारिक मज़ाक बन गया, जब भी कुछ गलत होता था, हम उसे 'प्रेशर-कुकर केक' कहते थे।

यहाँ तक कि हमारे दादा-दादी भी प्रयोगों में शामिल हो गए। वे ऊपर से अतिरिक्त मसाले छिड़कते थे, लेकिन यही जादू था, हम मुँह नहीं भर रहे थे, हम यादें भर रहे थे।

हम लगभग हर दिन लूडो खेलते थे। एक साधारण बोर्ड गेम, चार टोकन, एक पासा, लेकिन हमारे लिए, यह प्यार का एक युद्ध का मैदान बन गया। मेरे छोटे भाई-बहन अपनी बारी के लिए लड़ते थे। हम चिढ़ाते थे, हम बहस करते थे, हम फिर चिढ़ाते थे। और इन सबके नीचे, हम जुड़ते थे।

एक शाम, खेल इतना गरमा गया कि मेरी छोटी बहन भड़क उठी, यह कहते हुए कि वह फिर कभी नहीं खेलेगी। दस मिनट बाद, वह चुपचाप वापस आई, अपना टोकन बोर्ड पर वापस रखा, और बुदबुदाई, "मैं बस एक राउंड खेलूंगी।" बेशक, वह तीन घंटे तक रुकी रही। परिवार में प्यार ऐसे ही काम करता है, पासा लुढ़कने की आवाज़ से ज़्यादा गुस्सा नहीं टिकता।

बाहर की खबरें नुकसान की कहानियाँ बता रही थीं, लेकिन हमारी चार दीवारों के अंदर, हमने अस्तित्व की कहानियाँ बनाईं।

"जब आपके चारों ओर सब कुछ बिखर जाता है, तो कुछ ऐसा बनाओ जो देखा न जा सके, एक बंधन, एक स्मृति, एक पल।"

हमने तीनों बनाए।

एक शान, हमारे सामान्य मूवी आवर के दौरान, बिजली चली गई। पंखा रुक गया। कमरा गर्म और शांत हो गया। लेकिन हताशा के बजाय, किसी ने मोमबत्ती जलाई। हम सभी उस मंद रोशनी में, पालथी मारकर बैठ गए, क्योंकि मेरे दादाजी ने पुरानी कहानियाँ सुनाना शुरू कर दिया, उनके बचपन की, युद्ध की, मोबाइल फ़ोन से पहले के जीवन की। एक पल के लिए, ऐसा लगा जैसे समय रुक गया हो। कोई महामारी नहीं। कोई लॉकडाउन नहीं। बस एक छत के नीचे साँस लेती तीन पीढ़ियाँ, सुनना, सीखना, प्यार करना।

उस रात, मेरी दादी ने उनकी कहानियों में एक गाना जोड़ा, एक नरम, पुराना भक्ति गीत। जल्द ही, मेरी माँ गुनगुनाने लगीं, मेरी बहन अपनी पतली लेकिन मधुर आवाज़ के साथ शामिल हो गई, और यहाँ तक कि पा भी अपनी उंगलियों से बिस्तर पर ताल देने लगे। हमारा छोटा २BHK फ्लैट टूटी हुई आवाज़ों का एक कॉन्सर्ट हॉल बन गया, लेकिन हमारे लिए, यह टीवी पर चल रहे किसी भी चीज़ से ज़्यादा सुंदर था।

उन घंटों में, मुझे कुछ एहसास हुआ: दुनिया हमें डर सिखा रही थी। लेकिन हमारा घर हमें विश्वास सिखा रहा था।

साधारणता में विश्वास। साझा भोजन में। बोर्ड गेम और खराब व्यंजनों में। उपस्थित होने में। थामे रहने में।

और सबसे बढ़कर, एक-दूसरे में विश्वास।

भले ही हमने अपने छोटे से घर में खुशी का निर्माण किया, लेकिन दुःख ने फिर भी हमारे दरवाज़े तक अपना रास्ता खोज लिया। COVID ने किसी को नहीं बख्शा, यहाँ तक कि सबसे मज़बूत आत्माओं को भी नहीं। मेरी माँ और बड़ी माँ ने महामारी के दौरान अपने पिता, हमारे नाना, को खो दिया।

वह हमेशा उनके जीवन में एक ऊँची शख्सियत रहे थे। अनुशासन, विनम्रता और गर्मजोशी के व्यक्ति, उन्होंने अपनी चुप्पी में ज्ञान और अपने साधारण इशारों में प्यार रखा। हम पोते-पोतियों के लिए, वह एक कहानीकार और एक मार्गदर्शक थे। अपनी बेटियों के लिए, वह पहले पुरुष थे जिनकी उन्होंने कभी प्रशंसा की थी।

जब उनके निधन की ख़बर हम तक पहुँची, तो वह अवास्तविक लगा। कोई आखिरी गले लगना नहीं था। कोई उचित विदाई नहीं। बस एक फ़ोन कॉल, कुछ टूटे हुए शब्द, और चुप्पी जो एक परछाई की तरह कमरे में फैल गई।

हम दुःख मनाने के लिए एक बड़े परिवार के रूप में इकट्ठा भी नहीं हो सके, क्योंकि प्रतिबंधों ने इसकी अनुमति नहीं दी। अंतिम संस्कार संख्या बन गए, अनुष्ठानों को छोटा कर दिया गया, और परंपराओं में बाधा आई। मेरी माँ चुपचाप कोने में बैठी थीं, अपने दुपट्टे को अपने चेहरे पर दबाए हुए थीं, ताकि पा न देख सकें। बड़ी माँ ने अपनी हथेली अपनी छाती पर दबाई, एक ऐसे पिता के लिए प्रार्थनाएँ फुसफुसाईं जिनके पास वह जा नहीं सकती थीं।

पहली बार, मैंने उन दो महिलाओं को देखा जो हमेशा हमारी ताक़त के स्तंभ रही थीं, दुःख के वज़न के नीचे झुक गईं।

लेकिन उस तूफ़ान में भी, उन्होंने हमें संभाला।

पा पहले ही लकवाग्रस्त थे। वह अनुष्ठानों में शामिल नहीं हो सकते थे, सभा में चल नहीं सकते थे, दुःख में अपनी पत्नी को कंधा भी नहीं दे सकते थे। फिर भी उन्होंने एकमात्र तरीके से कोशिश की, साहस के शब्द फुसफुसाते हुए, हमें याद दिलाते हुए कि उनके पिता उन्हें मज़बूत बने रहने के लिए कहेंगे। उनकी आवाज़ काँप रही थी, लेकिन उनका इरादा स्थिर था।

तभी मैंने कुछ गहरा सीखा:

"कभी-कभी जिन्हें सबसे ज़्यादा सांत्वना की ज़रूरत होती है, वे ही दूसरों को सांत्वना देते हैं।"

उन दिनों में, हम सभी छोटे तरीकों से देखभाल करने वाले बन गए। मेरे भाई-बहनों ने घर के काम संभाल लिए ताकि माँ को ज़्यादा बोझ महसूस न हो। मैंने छोटी-छोटी चीज़ें संभालना शुरू कर दिया, ऑनलाइन बिलों का भुगतान करना, दवाओं की सूचियाँ बनाना, ऑक्सीमीटर से ऑक्सीजन के स्तर की जाँच करना। इनमें से कोई भी काम शानदार नहीं था, लेकिन हर कार्य हमारा यह कहने का तरीका था: हम आपको थामेंगे, ठीक वैसे ही जैसे आपने हमेशा हमें थामा है।

मुझे याद है एक रात, मेरा छोटा भाई दबे पाँव रसोई में गया और चुपचाप माँ के लिए चाय बनाई। चीनी बहुत ज़्यादा थी, स्वाद थोड़ा बिगड़ा हुआ था, लेकिन जब उन्होंने इसे पिया, तो उन्होंने आँसुओं के बीच मुस्कुराते हुए कहा, "यह एकदम सही है।" क्योंकि दुःख में, यह चाय के बारे में नहीं होता, यह उस प्यार के बारे में होता है जो इसके साथ उबलता है।

बड़ी माँ, कैंसर के बाद अपने नाज़ुक स्वास्थ्य के बावजूद, माँ के पास ही रहीं। वे देर रात तक एक साथ बैठती थीं, कभी बात करती थीं, कभी नहीं। बस बैठी रहती थीं। क्योंकि दुःख को हमेशा शब्दों की ज़रूरत नहीं होती, उसे उपस्थिति की ज़रूरत होती है।

नुकसान के उस दौर ने हमें सिखाया कि परिवार दर्द से भागकर ठीक नहीं होते। वे इसे एक साथ ढोकर ठीक होते हैं।

"जब दुःख एक जोड़ी कंधों के लिए बहुत भारी हो जाता है, तो परिवार उसे एक होकर उठाता है।"

हम जो हुआ उसे बदल नहीं सकते थे। हम उन्हें वापस नहीं ला सकते थे। लेकिन हमने एक-दूसरे को और भी ज़्यादा सख्ती से बचाकर उनका सम्मान किया।

और हालाँकि बाहर की दुनिया हमें संख्याएँ दिखाती रही, हमारे लिए, वह खोया हुआ एक जीवन एक आँकड़ा नहीं था। वह प्यार था। वह स्मृति थी। वह परिवार था।

हमारे नाना को खोने के बाद, दुःख हमारे घर में एक शांत मेहमान बन गया। यह चिल्लाया नहीं, इसने गुस्सा नहीं किया, यह बस कोनों में बैठ गया, उन पलों का इंतज़ार करता रहा जब चुप्पी बहुत तेज़ हो जाती थी। और फिर भी, उसी साँस में, हमें जीवन के साथ आगे बढ़ना था।

हमारे पिता पहले ही लकवाग्रस्त थे, दुर्घटना के लगभग दो साल बाद भी अपनी गर्दन हिलाने में असमर्थ थे। उनकी स्थिति में लगातार ध्यान देने की ज़रूरत थी, दवाएँ, फ़िज़ियोथेरेपी, सावधानी से खाना खिलाना, और अंतहीन देखभाल। मेरी माँ और बड़ी माँ ने उस ज़िम्मेदारी को अनुभवी योद्धाओं की तरह निभाया, तब भी जब उनके दिल उनके पिता के खोने के दुःख से खून बह रहे थे।

तभी मुझे समझ आया कि सच्चा लचीलापन पहाड़ों को हिलाने के बारे में नहीं है, यह आँसुओं के साथ कपड़े धोने, कांपते हाथों से एक साधारण भोजन पकाने, और जब आपके बच्चे आपको देखते हैं तो भी मुस्कुराने के बारे में है।

हम बच्चे जहाँ भी हो सकता था, कदम रखते थे। मेरा भाई किराने का सामान साफ़ करने का प्रभारी बन गया, माँ द्वारा बनाई गई सूचियों को एक-एक करके जाँचता रहा। मेरी बहन ने पा का मनोरंजन करने को अपना मिशन बना लिया। वह अपनी स्कूल की किताबों के साथ उनके बगल में बैठती थीं, ज़ोर से

पढ़ती थीं, इसलिए नहीं कि उन्होंने उनसे कहा था, बल्कि इसलिए कि उन्हें लगता था कि शायद उनकी आवाज़ की आवाज़ उनके दर्द से उनका ध्यान भटकाएगी।

मैंने जीवन के डिजिटल पक्ष की देखभाल की, ऑनलाइन बिल, रिश्तेदारों के साथ वर्चुअल अपडेट, और यह सुनिश्चित करना कि माँ को हर छोटी ज़रूरत के लिए बाहर भागने की चिंता न करनी पड़े। यह एक अजीब मिश्रण था: एक किशोर होना, फिर भी उन ज़िम्मेदारियों को संभालना जो मेरी उम्र से कहीं ज़्यादा महसूस होती थीं।

लेकिन शायद जीवन मुझे यही सिखा रहा था:

"परिपक्वता जन्मदिन के साथ नहीं आती। यह उन लड़ाइयों के साथ आती है जिनकी आपने कभी लड़ने की उम्मीद नहीं की थी।"

यहाँ तक कि सबसे छोटे कार्यों में भी वज़न था।

एक शाम, पा ने फुसफुसाया कि वह चाहते हैं कि उनका तकिया बस इस तरह समायोजित हो, क्योंकि उनकी गर्दन का दर्द असहनीय था। मैंने इसे सही करने में लगभग आधा घंटा लगाया, तह करना, फिर से तह करना, नीचे तौलिये खिसकाना, उनके चेहरे को नरम होते हुए देखना जब आख़िरकार उन्हें राहत मिली। वह छोटी सी मुस्कान दिन की सबसे बड़ी जीत लगी।

एक और रात, लिविंग रूम में बल्ब फ़्यूज़ हो गया। यह सिर्फ एक बल्ब था, कुछ साधारण, लेकिन हमारे लिए यह महत्वपूर्ण था, क्योंकि वह कमरा था जहाँ पा रहते थे। मेरा भाई एक कुर्सी पर चढ़ा, सावधानी से उसे ठीक किया, जबकि माँ ने कुर्सी को स्थिर रखा और पा चुपचाप देखते रहे। जब बल्ब फिर से जला, तो पूरे घर ने ताली बजाई जैसे हमने अभी-अभी पूरे शहर में बिजली बहाल कर दी हो।

ये छोटी जीत ही थीं जिन्होंने हमें आगे बढ़ाया।

और फिर, अप्रत्याशित हँसी के क्षण भी थे, वह हँसी जिसने हमें याद दिलाया कि हम अभी भी ज़िंदा हैं।

एक दोपहर, मेरी बहन ने रोटियाँ बनाने की कोशिश की। वे कठोर निकलीं, लगभग पापड़ जैसी। पा, उसे संघर्ष करते हुए देखकर, धीरे से चिढ़ाया: "अगर तुम ये परोसोगी, तो मेहमान खाने से पहले ही भाग जाएंगे।" वह इतनी ज़ोर से हँसी कि उसने बेलन गिरा दिया। वह हँसी कमरे में दुःख से ज़्यादा तेज़ गूंजी।

हमने तब कुछ महत्वपूर्ण महसूस किया:

"खुशी तब नहीं आती जब जीवन एकदम सही हो। यह अपूर्ण रसोई में, जली हुई रोटियों में, बेमेल दिनचर्या में आती है, जब प्यार दुःख से बड़ा होता है।"

दुःख में लोगों को परखने का एक अजीब तरीका होता है। कुछ टूट जाते हैं। कुछ अपने दरवाज़े बंद कर लेते हैं। और फिर हमारे जैसे परिवार होते हैं, जो, शोक मनाते हुए भी, किसी तरह नुकसान की दरारों के अंदर जीवन बनाने का तरीका ढूंढ लेते हैं।

हमारे नाना को खोने के बाद, मेरी माँ और बड़ी माँ ने कभी भी अपने दुःख को अपने कर्तव्य पर हावी नहीं होने दिया। उनकी आँखों में आँसू थे, हाँ, लेकिन उनके हाथ कभी नहीं रुके। रसोई की आग कभी नहीं बुझी। दवाएँ कभी नहीं छूटीं। पा की फ़िज़ियोथेरेपी कभी नहीं छोड़ी गई।

जैसे वे हमें चुपचाप कह रहे हों:

"दर्द आपके दिल को रोक सकता है, लेकिन इसे आपकी ज़िम्मेदारियों को कभी नहीं रोकना चाहिए।"

हम बच्चों ने सबसे छोटे विवरणों पर ध्यान देना सीखा। अगर पा की पानी की बोतल आधी खाली होती थी, तो हम उनके पूछने से पहले उसे भर देते थे। अगर बड़ी माँ बेचैनी से हिलती थीं, तो मेरी बहन उन्हें तकिया लाने के लिए दौड़ती थी। अगर सैनिटाइज़र की बोतल कम हो जाती थी, तो मेरा भाई

उसे बड़े कंटेनर से भर देता था। ये शानदार कार्य नहीं थे, लेकिन हर एक ने कहा: "हम ध्यान दे रहे हैं, हम यहाँ हैं, आप अकेले नहीं हैं।"

ऐसे दिन थे जब दुःख अचानक, एक लहर की तरह आता था। एक बार, खाना बनाते समय, माँ चुपचाप टूट गईं, आँसू आटे में गिर रहे थे जिसे वह गूंध रही थीं। मैं दरवाज़े से देख रही थी, अनिश्चित था कि आगे बढ़ूँ या नहीं। इससे पहले कि मैं कुछ कर पाती, बड़ी माँ चलकर आईं, अपना हाथ माँ के कंधे पर रखा, और फुसफुसाईं, "चिंता मत करो, मैं संभाल लूंगी। जाकर आराम करो।" यह सिर्फ खाना पकाने के बारे में नहीं था। यह बिना शब्दों के एक-दूसरे के दुःख को ढोने के बारे में था।

उन पलों में, मुझे एहसास हुआ कि परिवार के सदस्यों के बीच सच्चा प्यार ज़ोरदार नहीं होता, यह शांत प्रतिस्थापन, कोमल हस्तांतरण, अनकही राहत होता है।

लेकिन दुःख केवल चुप्पी नहीं लाया। कभी-कभी, यह अजीब, लगभग अकथनीय अनुभव भी लाया।

एक दिन, हमने देर रात तक लूडो खेला। मेरी बहन ने पासा फेंका और लगातार तीन बार छह आया। वह खुशी से चिल्लाते हुए कूद पड़ी, यह कहते हुए कि वह "लूडो क्वीन" है। पा, अपने बिस्तर से देखते हुए, उसे चिढ़ाया: "अगर तुम रानी हो, तो मेरा मुकुट कहाँ है?" मेरे भाई ने जल्दी से कागज़ मोड़कर एक मुकुट बनाया और उसे पा के सिर पर रख दिया। दिनों में पहली बार, वह ज़ोर से हँसे। वह आवाज़ अमूल्य थी, दुनिया के सभी धन से ज़्यादा मूल्यवान आवाज़।

"कभी-कभी उपचार दवा से नहीं आता, बल्कि उन लोगों से भरे कमरे में हँसी से आता है जो एक-दूसरे पर हार मानने से इनकार करते हैं।"

जब दुनिया अराजकता में होती है, तो अस्तित्व बड़ी चीज़ों के बारे में नहीं होता है। यह छोटी चीज़ों के बारे में होता है। दरवाज़े के पास सैनिटाइज़र की

बोतल। आधी रात की लालसा के लिए बचाए गए बिस्कुट का पैकेट। पा के बिस्तर पर मोड़ा हुआ कंबल।

हमने सीखा कि अस्तित्व चमत्कारों से नहीं, बल्कि साधारण हाथों द्वारा असाधारण प्यार से किए गए साधारण कार्यों से सिला जाता है।

कभी-कभी, दुःख बिना बुलाए आता था। मेरी माँ और बड़ी माँ ने अभी-अभी अपने पिता को खोया था, फिर भी उन्होंने एक मूवी नाइट के दौरान हमारे साथ हँसने की ताक़त ढूंढ ली, भले ही उनकी हँसी टूटी हुई और अल्पकालिक थी। वे जानती थीं कि अगर उन्होंने दुःख को खुद को डुबोने दिया, तो नौ लोग डूब जाएंगे। इसलिए उन्होंने टूटे हुए दिलों के साथ भी, तैरना चुना।

पा की भी अपनी शांत लड़ाइयाँ थीं। दुर्घटना के लगभग दो साल बाद, उनकी गर्दन ने अभी भी हिलने से मना कर दिया था। वह यह देखने के लिए मुड़ नहीं सकते थे कि कमरे में कौन आया है। हर बार जब हम अंदर आते थे, तो वह हमें केवल हमारी आवाज़ से पहचानते थे। फिर भी, उन्होंने कभी हमारे बारे में पूछना बंद नहीं किया। "तुम्हारा दिन कैसा रहा? क्या तुमने खाया? क्या तुमने अपना होमवर्क पूरा कर लिया?" उनका अपना शरीर उन्हें धोखा दे रहा था, लेकिन उनका दिल अभी भी हम तक पहुँचता था।

इन्हीं पलों में मुझे कुछ गहरा एहसास हुआ: लकवा शरीर को जंजीर से बांध सकता है, लेकिन यह आत्मा को कभी कैद नहीं कर सकता।

और फिर वे रातें थीं, वे भयानक रातें जो अब भी स्मृति में बनी हुई हैं। कभी-कभी, पा फुसफुसाते थे कि उन्हें लगता है जैसे कोई उन्हें खींच रहा है, उन्हें एक अनदेखी जगह पर घसीट रहा है। हमने उन्हें कभी खारिज नहीं किया। इसके बजाय, हम करीब बैठते थे, और ज़ोर से प्रार्थनाएँ फुसफुसाते थे, और और मोमबत्तियाँ जलाते थे। कुछ चीज़ें ऐसी हैं जिन्हें विज्ञान समझा नहीं सकता, और शायद कभी नहीं समझाएगा। हमारे लिए, वे पल सिर्फ डर के

बारे में नहीं थे, वे इस बात की याद दिलाते थे कि जीवन नाज़ुक है, कि हम देखे और अनदेखे दोनों तरह की लड़ाइयाँ लड़ रहे थे।

"कुछ परछाइयों को समझाने के लिए नहीं होती हैं। वे हमें उस रोशनी की याद दिलाने के लिए होती हैं जिसकी हमें रक्षा करनी चाहिए।"

लेकिन इन परछाइयों के बीच भी, रोशनी थी।

हमने लॉकडाउन में भी जन्मदिन खास बनाए। कोई बेकरी खुली नहीं थी, इसलिए मेरी बहन ने बिस्कुट को कुचल दिया, उन्हें कोको के साथ मिलाया, और उन्हें एक केक मोल्ड में दबाया। उसने उसे रत्नों से सजाया और सफेद टूथपेस्ट से "जन्मदिन मुबारक" लिखा। यह गन्दा था, लेकिन सुंदर था। जब हमने इसे काटा, तो पा की आँखें चमक उठीं। यह केक के बारे में नहीं था। यह इस तथ्य के बारे में था कि संकट में भी, हमने जीवन का जश्न मनाना बंद करने से इनकार कर दिया।

कभी-कभी, दर्द के ख़िलाफ़ सबसे अच्छी अवज्ञा खुशी होती है।

और हमने खुशी को चुना।

जब दिन हफ़्तों में बदल गए और हफ़्ते महीनों में धुंधले हो गए, तो लॉकडाउन ने हमें कुछ ऐसा सिखाया जो कोई कक्षा कभी नहीं सिखा सकती थी: जीवन इस बात से नहीं मापा जाता कि आपकी दीवारों के बाहर क्या होता है, बल्कि इस बात से कि आप उनके अंदर कैसे रहना चुनते हैं।

मेरी माँ और बड़ी माँ अक्सर देर रात तक एक साथ बैठती थीं जब बाकी सब सो जाते थे। कभी-कभी, मैंने दीवारों के पार उनकी फुसफुसाहट सुनी। कभी-कभी, मैंने बिल्कुल कुछ नहीं सुना, केवल दबी हुई सिसकियों की आवाज़। उन्होंने अपने पिता को ऐसे समय में खो दिया था जब दुनिया पहले से ही ढह रही थी। कोई बड़ा अंतिम संस्कार नहीं। कोई अंतिम आलिंगन नहीं। बस एक फ़ोन कॉल पर दी गई ख़बर, और एक ऐसी चुप्पी जो दिल को कुचल देती थी।

मुझे एक खास दिन याद है। पा के बेडसोर बिगड़ गए थे, और उन्हें तत्काल ड्रेसिंग की ज़रूरत थी। COVID प्रतिबंधों के कारण नर्सें नहीं आ सकती थीं। मेरी माँ उनके बगल में खड़ी थीं, कांपते हाथों में कपास और एंटीसेप्टिक पकड़े हुए थीं। काम करते समय वह चुपचाप रोईं, उनसे माफ़ी फुसफुसाई जैसे उन्होंने ही उन्हें दर्द दिया हो। और पा, वहाँ लेटे हुए, अपनी गर्दन अभी भी अचल, फुसफुसाकर जवाब दिया, "रोओ मत। तुम मेरी ताक़त हो। अगर तुम टूटोगी, तो मैं टूट जाऊंगा।"

उस एक वाक्य ने हम सभी को थामे रखा।

इस बीच, घर के बच्चों, मेरे भाई, मेरी बहन, और मैंने, सीखा कि ज़िम्मेदारी विनम्रता से दस्तक नहीं देती। वह अंदर घुस आती है। मेरा भाई भारी किराने के बैग को ऊपर ले जाने वाला बन गया, तब भी जब वे लगभग उससे ज़्यादा वज़नदार होते थे। मेरी बहन ने ड्यूटी पर एक सैनिक की गंभीरता के साथ कपड़े मोड़े। और मैंने एक छात्र, एक देखभाल करने वाले, और दर्द के एक मूक गवाह होने के बीच संतुलन बनाना सीखा।

बचपन हमसे बहुत पहले ही छीन लिया गया था, लेकिन लॉकडाउन ने हमारे शुरुआती वयस्कता को मजबूत कर दिया। हम अब जीवन के हमें सबक सिखाने का इंतज़ार नहीं कर रहे थे। जीवन ने पहले ही पूरा पाठ्यक्रम हम पर फेंक दिया था।

"कुछ लड़ाइयाँ दृश्य दुनिया के ख़िलाफ़ नहीं होती हैं। वे चुप्पी में लड़ी जाती हैं, प्रार्थनाओं को हथियार के रूप में और प्यार को कवच के रूप में लेकर।"

और फिर वे छोटी जीत आईं जिन्होंने हमें याद दिलाया कि हम लड़ते क्यों रहे। वह दिन जब पा हफ़्तों बाद अपनी एक उंगली हिलाने में कामयाब रहे। वह दिन जब बड़ी माँ एक मूर्खतापूर्ण मज़ाक पर ज़ोर से हँसीं, उनकी छाती पर निशान दिखाई दे रहा था लेकिन उनकी आत्मा अटूट थी। वह दिन जब हम नौ के नौ फ़र्श पर बैठे, एक बड़ी प्लेट से रात का खाना खा रहे थे, क्योंकि

गैस सिलेंडर ख़त्म हो गया था, और फिर भी, किसी तरह, वह भोजन हमारे जीवन के सबसे अच्छे दावत जैसा लगा।

इन्हीं पलों में, नाज़ुक, क्षणभंगुर, फिर भी अविस्मरणीय, हमें कुछ गहरा एहसास हुआ: लॉकडाउन में भी, हम फंसे नहीं थे। हम थामे गए थे। एक-दूसरे द्वारा। प्यार द्वारा। विश्वास द्वारा।

जैसे-जैसे लॉकडाउन के महीने धीरे-धीरे दुनिया पर अपनी पकड़ ढीली करने लगे, लोग फिर से बाहर कदम रखने लगे। सड़कें कारों से भर गईं। बाज़ार शोर से गुलजार हो गए। स्कूलों ने फिर से खुलने की बात शुरू कर दी। जीवन, टुकड़ों में, वापस आ गया।

लेकिन हमारे घर के अंदर, कुछ हमेशा के लिए बदल गया था।

हम वही नौ लोग नहीं थे जिन्होंने उस लॉकडाउन में प्रवेश किया था। हम एक साथ आग से गुज़रे थे। हमने एक ही साँस में दुःख, हँसी, डर और विश्वास, सब कुछ ढोया था। हमने खोया था, गहरे, दर्दनाक तरीके से, अपने नाना को, एक गरिमा और दयालुता के व्यक्ति को। उनकी अनुपस्थिति ने हमारे दिलों में एक खाली कुर्सी छोड़ दी जिसे कोई और नहीं भर सकता था। और फिर भी, उनकी अनुपस्थिति में भी, उन्होंने हमें एक अंतिम सबक दिया: कि एक अच्छे आदमी का प्रभाव कभी नहीं मरता। यह उनके बच्चों और पोते-पोतियों के प्यार में जीवित रहता है।

हमारी माताओं ने उनकी शिक्षाओं को आगे बढ़ाया। उनका लचीलापन, उनका बलिदान, उनके शांत आँसू हमारी ताक़त की जड़ें बन गए। उन्हें देखकर, इसे पढ़ने वाली हर महिला को पता होना चाहिए: आप जितना सोचती हैं उससे ज़्यादा मज़बूत हैं। आप तूफ़ानों को ढोने और फिर भी आश्रय प्रदान करने में सक्षम हैं। आप अस्तित्व की शांत वास्तुकार हैं।

घर के हर बच्चे ने भी कुछ आगे बढ़ाया। मेरे भाई ने अपनी उम्र से सालों पहले ज़िम्मेदारी सीखी। मेरी बहन ने ऐसे तरीकों से करुणा सीखी जिसकी उसके साथी कल्पना भी नहीं कर सकते थे। मैंने सीखा कि जीवन आपके

तैयारी करने के लिए नहीं रुकता, यह आपसे उठने की माँग करता है, चाहे आप तैयार हों या नहीं।

और बड़े पापा ? वह सिर्फ रीढ़ की हड्डी से ज़्यादा बन गए। वह घर की साँस बन गए। हर दिन वह ख़तरे का सामना करने के लिए बाहर कदम रखते थे, और हर शाम वह अपनी थकी हुई मुस्कान में साहस सिलकर लौटते थे। उन्होंने हमें दिखाया कि पितृत्व एक आदमी तक सीमित नहीं है। इसे साझा किया जा सकता है, गुणा किया जा सकता है, और चुप्पी में जिया जा सकता है।

पा, जो अभी भी अपनी गर्दन पूरी तरह से नहीं हिला सकते थे, धीरे से फुसफुसाए: "बाहर की दुनिया बदल गई है। लेकिन इस घर के अंदर... हम अटूट हो गए हैं।"

मेरी आँखों में आँसू भर आए। क्योंकि यह सच था।

हम संगरोध में थे, हाँ। पर कभी अकेले नहीं।

"कभी-कभी जीवन दरवाज़े बंद कर देता है, आपको सज़ा देने के लिए नहीं, बल्कि आपकी रक्षा करने के लिए, ताकि आप यह खोज सकें कि सबसे बड़ी आज़ादी बाहर नहीं है, बल्कि उन बाँहों में है जो आपको कभी नहीं छोड़तीं।"

उस रात, जैसे ही मैंने कमरे में चारों ओर देखा, अपने बिस्तर पर लेटे हुए पा को, जो अब भी मुस्कुरा रहे थे, अपनी माँ को थकी हुई फिर भी उग्र आँखों के साथ, बड़ी माँ को अपनी सर्जिकल निशान पर अपना स्कार्फ़ समायोजित करते हुए, बड़े पापा को कोने में चुपचाप अपनी बाँहें मोड़ते हुए, अपने भाई-बहनों को एक-दूसरे पर झुके हुए, और अपने दादा-दादी को प्रार्थना में हाथ जोड़े हुए, मुझे कुछ एहसास हुआ।

हमने सिर्फ महामारी से नहीं बचा। हमने वह धन खोजा जिसे कभी चुराया नहीं जा सकता: परिवार।

और जैसे ही दुनिया अपनी अराजकता में वापस भागी, हम एक सच्चाई को आगे ले गए जो हमेशा हमारे साथ रहेगी:

“हमें कभी बंद नहीं किया गया। हमें एक साथ बंद कर दिया गया। और उसी में, हमने अब तक की सबसे बड़ी आज़ादी पाई।”

***

अध्याय 7: दुनिया उनसे क्या सीख सकती है

किसी ऐसे व्यक्ति को दुख में देखना जिसे आप प्यार करते हैं, उसका सबसे कठिन हिस्सा हमेशा दर्द नहीं होता, यह देखना होता है कि दूसरे उस दर्द पर कैसी प्रतिक्रिया देते हैं। जब पा की दुर्घटना हुई, तो मुझे यह पता चला कि सबसे तीखा घाव कभी-कभी उन लोगों से आता है जिन्हें आप कभी दोस्त कहते थे। जो कभी हमारी मेज़ पर बैठते थे, जो हमारे साथ हँसते थे, जो खुद को परिवार बताते थे, वे गायब हो गए। वे मिलने नहीं आए। उन्होंने फ़ोन नहीं किया। कुछ ने तो पा के पतन से पहले ही उनका फ़ायदा उठाया था, उनकी अच्छाई को अपने लाभ के लिए एक प्रवेश द्वार के रूप में इस्तेमाल किया था। वित्तीय धोखे थे, चुकाया न गया कर्ज़ था, वादे जो चुप्पी में बदल गए। जिन लोगों के साथ वह उनके सबसे बुरे मौसम में खड़े रहे थे, वे अचानक भूल गए कि संकट में वह कौन थे।

मैं तब बहुत कम उम्र की थी, और सच कहूँ तो उस उम्र के अनुभवों ने मेरे अंदर गुस्सा भर दिया। मैंने उस क्रोध को एक ढाल की तरह ढोया। मैं न्याय चाहती थी, मैं चाहती थी कि सच्चाई सामने आए, और चाहती थी कि वे महसूस करें जो हमने महसूस किया। लेकिन पा ने कभी भी उनमें से किसी के बारे में एक कठोर शब्द नहीं कहा। एक बार भी नहीं। उनकी प्रतिक्रिया कुछ ऐसी थी जिसे समझने में मुझे सालों लगे, "ठीक है। पैसा फिर से कमाया जा सकता है। लोग... वे आते-जाते रहते हैं।" यह कोई कमज़ोरी नहीं थी। यह विश्वासघात को अपने दिल को बदलने न देने की ताक़त थी।

दुनिया को यही और ज़्यादा देखने की ज़रूरत है। हम एक ऐसी संस्कृति में रहते हैं जो बदले की भावना सिखाती है, जो टकराव का महिमामंडन करती है, जो लोगों को ग़लत साबित करने का जश्न मनाती है। लेकिन मेरे पा हमें एक अलग रास्ता दिखाते हैं, एक शांत, अधिक गरिमापूर्ण राह। उन्होंने हमें सिखाया कि जब लोग आपका विश्वास तोड़ते हैं, तो आपको अपने चरित्र को तोड़ने की ज़रूरत नहीं है। कि शांति, प्रतिशोध से ज़्यादा शक्तिशाली है।

धीरे-धीरे, मैंने उन तथाकथित दोस्तों के लिए जो कड़वाहट कभी पाली थी, उसे जाने देना सीखा। क्योंकि मुझे यह एहसास हुआ, आप एक ही दिल में क्रोध और उपचार दोनों को नहीं ढो सकते। एक हमेशा दूसरे के लिए जगह बनाएगा।

मेरे पिता की चुप्पी हार नहीं थी, यह एक निर्णय था। उन पर अपनी ऊर्जा बर्बाद न करने का निर्णय जो वास्तव में रहने के लिए नहीं बने थे। जो अभी भी मायने रखता था उसमें निवेश करने का निर्णय, परिवार, स्वास्थ्य-लाभ और आशा। इस तरह की माफ़ी को दुनिया अक्सर सराहना नहीं करती, लेकिन दुनिया को इसकी सख्त ज़रूरत है।

हम एक ऐसे समय में रहते हैं जब वफ़ादारी पर बातचीत की जा सकती है और दयालुता को भोलापन समझा जाता है। लेकिन अगर दुनिया पा और बड़े पापा से सिर्फ एक चीज़ सीख सकती है, तो वह यह होगी: अच्छा होना मूर्ख होना नहीं है। इसका मतलब है सुविधा के बजाय बार-बार चरित्र को चुनना।

हमारे घर में कोई महान भाषण नहीं थे। कोई लंबे उपदेश नहीं, कोई गड़गड़ाहट भरी घोषणाएँ नहीं। फिर भी, पा और बड़े पापा की उपस्थिति में बिताया गया हर पल एक जीवित सबक का हिस्सा होने जैसा था, एक ऐसा सबक जो शब्दों में नहीं, बल्कि अनुशासन और करुणा के शांत कार्यों में सिखाया जाता था। उनका जीवन एक दैनिक कक्षा बन गया जहाँ चुप्पी शिक्षक थी और उदाहरण पाठ्यपुस्तक।

हर सुबह, वे जल्दी उठते थे। इसलिए नहीं कि किसी ने उनसे ऐसा करने के लिए कहा। इसलिए नहीं कि दिन के अंत में तालियाँ इंतज़ार कर रही थीं। बल्कि इसलिए कि वे मानते थे कि जिम्मेदारी कोई कार्य नहीं है, यह एक पहचान है। उनके शरीर अक्सर दुखते थे, उनके मन पर शांत तनावों का बोझ था, लेकिन वे चलते रहे। वे मानते थे कि जब लोग आप पर निर्भर होते हैं, तो आप प्रेरणा का इंतज़ार नहीं करते, आप खुद प्रेरणा बन जाते हैं।

उन लोगों में कुछ पवित्रता होती है जो आपको कभी बोझ जैसा महसूस नहीं कराते, तब भी जब आप जानते हैं कि आप हैं। यह उस तरह की सुरक्षा है जिसके लिए दुनिया भूखी है। और ठीक यही उन्होंने हमें दिया: पीछे छूट जाने के डर के बिना, गिरने की क्षमता।

दुनिया अक्सर सफलता को इससे मापती है कि आप कितने ऊंचे उठते हैं, आप कितनी दूर जाते हैं, आपका नाम कितना ज़ोर से बोला जाता है। लेकिन उन्होंने हमें सफलता को अलग तरह से मापना सिखाया, कि आप कितनी दयालुता से जीते हैं, आप कितनी ईमानदारी से सेवा करते हैं, और आप कितनी शालीनता से माफ़ करते हैं। वह प्रसिद्धि या भाग्य से कहीं ज़्यादा स्थायी मुद्रा है।

पा के पास कड़वा होने का हर कारण था। दोस्तों ने धोखा दिया। जीवन ने उन्हें एक अनुचित हाथ दिया। उनका शरीर, जो कभी मज़बूत था, त्रासदी से कमज़ोर हो गया था। लेकिन कभी नहीं, एक बार भी नहीं, उन्होंने दर्द को उन्हें कठोर नहीं बनने दिया। वास्तव में, मेरा मानना है कि उनकी करुणा और भी बढ़ गई। वह नरम, अधिक धैर्यवान, अधिक समझदार हो गए। जहाँ दूसरे दीवारें बनाते, उन्होंने गर्माहट का निर्माण किया। दुनिया उनसे यही सीख सकती है: जो आपको तोड़ता है, उसे आपको निर्दयी न बनने दें। उसे आपको और अधिक मानवीय बनने दें।

और फिर यह है, उपस्थिति की कला। अक्सर, लोग प्यार व्यक्त करने या मदद की पेशकश करने के लिए सही समय, सही शब्दों, आदर्श स्थिति का इंतज़ार करते हैं। लेकिन पा और बड़े पापा ने कभी इंतज़ार नहीं किया। वे तब सामने आए जब हालात अस्त-व्यस्त थे, जब उन्हें पता नहीं था कि क्या कहना है, जब वे खुद संघर्ष कर रहे थे। वे कुछ ऐसा समझते थे जो बहुत कम लोग समझते हैं: उपस्थिति, सलाह से ज़्यादा उपचार करती है।

ऐसे दिन थे जब भोजन सीमित था, जब बिल अनसुनी प्रार्थनाओं की तरह ढेर हो गए थे, जब हमें नहीं पता था कि कल क्या होगा। लेकिन हमारे घर में हँसी

थी। इसलिए नहीं कि जीवन आसान था, बल्कि इसलिए कि उन्होंने हमारी खुशी की रक्षा की जैसे वह एक आग हो जिसे वे बुझने देने से इनकार करते थे। यहाँ तक कि एक साझा कप चाय, यहाँ तक कि एक देर रात की कहानी एक मुश्किल से चलने वाले पंखे के नीचे, उन्होंने इसे सब जादुई बना दिया। उनका मानना था कि खुशी तब नहीं आती जब सब कुछ सही होता है। यह तब आती है जब आप तय करते हैं कि साथ होना उस हर चीज़ से ज़्यादा महत्वपूर्ण है जिसे पैसा खरीद सकता है।

उन्होंने हमें यह भी दिखाया कि एक ऐसी दुनिया में विनम्र कैसे रहें जो लगातार आपको कठोर बनाने की कोशिश कर रही है। अपने मूल्यों को स्थिर कैसे रखें, तब भी जब आपके आस-पास के लोग अपने मूल्य खो रहे हों। मुझे याद है एक बार मैंने बड़े पापा से पूछा था कि उन्होंने उस व्यक्ति का सामना क्यों नहीं किया जिसने उनका अपमान किया था। उनका जवाब सरल था, लेकिन अविस्मरणीय: "मैं उनका व्यवहार उधार नहीं लेना चाहता। मैं अपना रखना चाहता हूँ।"

कितना शक्तिशाली विचार है, कि हमें अपने सामने आने वाली ग़लती को प्रतिबिंबित करने की ज़रूरत नहीं है। हम बेहतर होना चुन सकते हैं। हम मुक्त होना चुन सकते हैं।

उनकी चुप्पी भी शिक्षाप्रद थी। जब दूसरे बहस करते थे, तो वे रुक जाते थे। जब वे दर्द में होते थे, तो वे चुपचाप बैठते थे और फिर भी पहले दूसरों को खाने में मदद करते थे। जब कमरे में तनाव भर जाता था, तो वे अपनी आवाज़ को ऊँचा करने के बजाय धीमा कर लेते थे। वह संयम, वह गहरा भावनात्मक नियंत्रण, एक ऐसा सबक है जो हम आज की दुनिया में शायद ही कभी देखते हैं, जहाँ चिल्लाना ताक़त समझा जाता है, और ज़ोरदार होना सही होने के साथ भ्रमित किया जाता है।

सच कहूँ तो, उन्होंने सिर्फ एक घर नहीं बनाया। उन्होंने एक संस्कृति का निर्माण किया, शांति, साहस और प्रतिबद्धता की संस्कृति। उन्होंने हमें

सिखाया कि कभी-कभी, अपने प्रियजनों के लिए आप जो सबसे शक्तिशाली चीज़ कर सकते हैं, वह है बस रहना। सब कुछ हल नहीं करना। सब कुछ कहना नहीं। बस रहना। आते रहना। प्यार करते रहना, चुपचाप लेकिन पूरी तरह से।

इसलिए, मैं अक्सर सोचती हूँ कि कितने लोग दुनिया में खाली, खोए हुए, गुस्से में घूम रहे हैं, उन जगहों पर अर्थ खोज रहे हैं जो इसे पेश नहीं कर सकती हैं। और मैं उनसे कहना चाहती हूँ: आओ, मेरे पा के बगल में बैठो। उन्हें खाने से पहले आशीर्वाद देते देखो। उन्हें एक थके हुए अजनबी पर मुस्कुराते हुए देखो। देखो कि वह शिकायत किए बिना दर्द कैसे सहते हैं, वह इंतज़ार किए बिना कैसे देते हैं, वह बिना शर्त कैसे प्यार करते हैं।

यहाँ तक कि अपने सबसे कठिन मौसमों में भी, पा और बड़े पापा ने कभी पीड़ितों की तरह बात नहीं की। जीवन ने उन्हें उन तरीकों से घायल किया था जिन्हें केवल वे जानते थे, शारीरिक रूप से, आर्थिक रूप से, भावनात्मक रूप से, और फिर भी उन्होंने उन घावों को उस तरह से परिभाषित नहीं करने दिया जिस तरह से वे चलते थे। यही उन्हें अलग बनाता था। जहाँ दूसरों ने दुर्भाग्य देखा, उन्होंने ठंडा हुए बिना मज़बूत बनने का अवसर देखा।

हर सुबह, इससे पहले कि जीवन की अराजकता दरवाज़े पर दस्तक दे सके, वे रुक जाते थे, भले ही कुछ सेकंड के लिए, चुपचाप बैठने के लिए। मुझे लगता था कि यह सिर्फ थकान है। लेकिन अब मुझे पता है: यह आत्मसमर्पण था। जीवन के साथ ही एक शांत बातचीत। उन्होंने इसे ध्यान नहीं कहा, लेकिन उनकी स्थिरता में शांति थी, वह शांति जो कहती है, "आज जो कुछ भी आएगा, मैं उसका सामना शालीनता से करूँगा।"

वे मानते थे कि अनुशासन वह चीज़ नहीं है जिसे आप दुनिया को दिखाते हैं। यह वह चीज़ है जो आप अपने आप को देते हैं। बड़े पापा ने एक भी दवा कभी नहीं छोड़ी, यहाँ तक कि उन दिनों में भी जब उनका शरीर हिलने के लिए बहुत दुखता था। पा ने अपने दैनिक अभ्यास किए, किसी की तालियों

के लिए नहीं, बल्कि अपनी आत्मा के प्रति कर्तव्य के रूप में। उन्होंने कभी भी उस चीज़ को स्थगित नहीं किया जिसे करने की ज़रूरत थी। उन्होंने फिर से शुरू करने के लिए कभी भी "सही दिन" का इंतज़ार नहीं किया। यह एक और सबक है जो दुनिया को सीखना चाहिए: ठीक होने, फिर से बनाने, माफ़ करने के लिए कोई सही समय नहीं होता, केवल अभी होता है।

मुझे याद है एक बार मैंने पा से पूछा था, "जब सब कुछ टूटा हुआ महसूस होता है तो आप आगे कैसे बढ़ते हैं?" उन्होंने मुस्कुराया, एक थकी हुई लेकिन स्थिर मुस्कान, और कहा, "क्योंकि टूटी हुई घड़ी भी दिन में दो बार सही समय दिखाती है। इसलिए रुको मत। तुम अभी भी उपयोगी हो। तुम अभी भी योग्य हो।"

उनके सोचने में क्या जादू था? उन्हें दुनिया से यह बताने की ज़रूरत नहीं थी कि वह मायने रखते हैं। उन्होंने तय किया कि वह मायने रखते हैं। और असली ताक़त वहीं से शुरू होती है।

एक ऐसे समाज में जो व्यस्तता का महिमामंडन करता है, उन्होंने स्थिरता का सम्मान किया। वे समझते थे कि चुप्पी खालीपन नहीं है, यह वह जगह है जहाँ जीवन साँस लेता है। उनके विरामों में, जिस शांत तरीके से वे कपड़े मोड़ते थे, जिस तरह से वे खाने से पहले दीया जलाते थे, दुनिया धीमी होना सीख सकती थी। छोटे, साधारण चीज़ों को पवित्र अनुष्ठानों की तरह कैसे मानें। दुनिया भोजन, बातचीत और यहाँ तक कि भावनाओं से भी तेज़ी से गुज़रती है। लेकिन वे ऐसे चलते थे जैसे समय उनका दोस्त हो, दुश्मन नहीं।

वे उस तरह के पुरुष थे जो मानते थे कि जो ठीक हो सकता है उसे ठीक किया जाए और जिसे नहीं किया जा सकता उसे स्वीकार किया जाए। जब दबाव ज़्यादा होता था, तो वे टूटते नहीं थे। उन्होंने सिर्फ अपनी योजनाओं को नहीं, बल्कि अपने दिमाग को समायोजित किया। वे एक सच्चाई को समझते थे जिसे कई लोग अनदेखा कर देते हैं: जीवन हमेशा आसान नहीं होगा, लेकिन आप हमेशा मज़बूत हो सकते हैं।

एक और चीज़ है जो दुनिया को उनसे सीखनी चाहिए, संतुष्टि। जो आपके पास है उस पर मुस्कुराना, तब भी जब यह उससे कम हो जो कभी था। पा ने कभी अमीर लोगों से ईर्ष्या नहीं की। उन्होंने कभी भी उन लोगों के बारे में बुरा नहीं कहा जिनके पास ज़्यादा था। उनका दिल कभी भी हैसियत के लिए भूखा नहीं था, केवल स्थिरता, सुरक्षा और शांति के लिए। और बड़े पापा ? उन्होंने कभी शिकायत नहीं की जब दूसरे आराम करते थे जबकि वह काम करते थे। वह बस आगे बढ़ते रहे, क्योंकि परिवार को उनकी ज़रूरत थी।

अगर आप वास्तव में उन्हें देखते हैं, तो आप देखेंगे कि भावनात्मक बुद्धिमत्ता चालाक शब्द बोलने के बारे में नहीं है। यह जानने के बारे में है कि कब चुप्पी पर्याप्त है। कब माफ़ करना है। यह जानने के बारे में है कि कब रहना है, तब भी जब दूर जाना आसान महसूस होता है। ये सबक किताबों में नहीं लिखे जाते, स्कूलों में नहीं पढ़ाए जाते, ये दर्द से पैदा होते हैं, धैर्य से पॉलिश किए जाते हैं, और उपस्थिति में साबित होते हैं।

उन्होंने सिर्फ जीवन नहीं जिया, उन्होंने इसे अर्थ दिया। न केवल अपने लिए, बल्कि हम सभी के लिए। उन्होंने हमें याद दिलाया कि ताक़त यह नहीं है कि आपके हाथ कितने कठोर हैं, बल्कि यह है कि आहत होने के बाद भी आपका दिल कितना नरम रहता है। कि विश्वास चमत्कारों के लिए प्रार्थना करने के बारे में नहीं है, बल्कि तब भी जारी रखने के बारे में है जब चमत्कार नहीं आते हैं।

मैं जितनी बड़ी होती हूँ, उतनी ही समझती हूँ, हमें निर्देशों से नहीं पाला गया। हमें उदाहरणों से पाला गया। कोई व्याख्यान नहीं थे, दयालुता पर कोई पाठ्यपुस्तक नहीं थी। बस दो पुरुष थे जिन्होंने अपने मूल्यों को इतनी ईमानदारी से जिया कि वे हमारे जीवन का खाका बन गए।

उन्होंने सिर्फ हमसे प्यार नहीं किया, उन्होंने हमें ढोया। एक बार या दो बार नहीं, बल्कि हर एक दिन, तब भी जब उनकी अपनी पीठ दुखती थी और उनके दिल भारी थे। उन्होंने हमें सिखाया कि सच्चा प्रभाव सार्वजनिक रूप

से बोले गए शब्दों के बारे में नहीं है, बल्कि निजी तौर पर दोहराए गए कार्यों के बारे में है।

मैं अक्सर सोचती हूँ कि बच्चे जो देखते हैं उसकी नकल कैसे करते हैं। मेरे जानने वाले ज़्यादातर बच्चे अपने पसंदीदा सुपरहीरो की नकल करते थे। हमने पा और बड़े पापा की नकल की। उनके हावभाव हमारे बन गए, जिस तरह से वे पहले किसी और को भोजन का पहला कौर देते थे, जिस तरह से वे कभी पानी बर्बाद नहीं करते थे, जिस तरह से वे छोटी सी दयालुता के लिए भी "धन्यवाद" कहते थे। यह एक ऐसे स्कूल के अंदर रहने जैसा था जहाँ हर क्रिया एक सबक थी, और हर चुप्पी एक शिक्षा थी।

और मुझे एहसास हुआ है, दुनिया ठीक इसी के लिए भूखी है। हमारे पास अंतहीन प्रेरक भाषण हैं, स्वयं-सहायता पुस्तकें हैं, ऐसे वीडियो हैं जो दस चरणों में आपके जीवन को बदलने का वादा करते हैं। लेकिन उनमें से कोई भी पा और बड़े पापा जैसे लोगों की शांत संगति की तुलना नहीं कर सकता।

"एक अच्छा दिल शांत हो सकता है, लेकिन यह हर उस जीवन में गूंजता है जिसे यह छूता है।"

उनकी चुप्पी खालीपन नहीं थी, यह गहराई थी। यह कमज़ोरी नहीं थी, यह ज्ञान था। और वह चुप्पी आज भी मुझसे बात करती है।

उन्होंने कभी शब्दों से ताक़त को परिभाषित नहीं किया। उन्होंने ताक़त को खुद, उनके माध्यम से परिभाषित करने दिया। यह मांसपेशियों या प्रभुत्व के बारे में नहीं था। यह उनके शरीर के थके होने पर जल्दी उठने के बारे में था। उम्मीद किए बिना देने के बारे में। तब भी मुस्कुराने के बारे में जब उनकी दुनिया अंदर से टूट रही थी।

आज दुनिया सब कुछ मापती है, कैलोरी, कदम, लाइक्स, आय। लेकिन उन्होंने केवल एक चीज़ मापी: क्या उन्होंने उन्हें दिए गए दिन के साथ पर्याप्त अच्छा किया था। और उस वजह से, थके हुए बिस्तर पर जाने पर भी, वे शांति से सोए।

एक ऐसे समय में जब सफलता को प्रसिद्धि और भाग्य से मापा जाता है, वे एक अलग कंपास से जीते थे। कुछ लोग पहचान का पीछा करते हैं, उन्होंने अर्थ का पीछा किया। कुछ लोग चीज़ें इकट्ठा करते हैं, उन्होंने लोगों को इकट्ठा किया। उनका मूल्य उसमें नहीं था जो उनके पास था। यह उसमें था जो उन्होंने दिया। और तब भी जब उनके हाथ खाली थे, उनके दिल भरे रहे।

जब जीवन ने उन्हें कम दिया, तो उन्होंने पर्याप्त बनाया। साझा करने के लिए पर्याप्त भोजन। सोने के लिए पर्याप्त शांति। जीवित रहने के लिए पर्याप्त विश्वास। उन्हें देखकर, मैंने सीखा कि शांति बहुतायत में नहीं, बल्कि कृतज्ञता में पाई जाती है।

"शांत संगति खाली वादों से ज़्यादा ज़ोरदार होती है।"

उनकी संगति ने हमारे घर का निर्माण किया। इसने हमारे साहस का निर्माण किया। इसने हमारी कहानी का निर्माण किया। और अब, यह दुनिया के लिए एक सबक के रूप में खड़ा है।

अगर आप इसे ऐसे दिल से पढ़ रहे हैं जो थका हुआ या इस्तेमाल किया हुआ महसूस करता है, तो मैं आपको याद दिलाना चाहता हूँ, आपका मूल्य इससे तय नहीं होता कि कौन रहता है। यह इससे प्रकट होता है कि जब दूसरे दूर चले जाते हैं तो आप कैसे उठते हैं। दुनिया हमेशा आपके प्यार को वापस नहीं दे सकती है। लेकिन यह आपके प्यार को कम योग्य नहीं बनाता है।

"जब लोग आपको अपनी अनुपस्थिति दिखाते हैं, तो उसे आपको उपस्थिति सिखाने दें।"

पा और बड़े पापा इस सच्चाई को बिना बताए जीते थे। उन्होंने कभी किसी को अपने जीवन में रहने के लिए मजबूर नहीं किया। उन्होंने कभी वफ़ादारी की भीख नहीं मांगी या दूर चले जाने वालों का पीछा नहीं किया। इसके बजाय, उन्होंने अपना प्यार उनमें उड़ेल दिया जिन्होंने रहने का फैसला किया। यह कुछ ऐसा है जिसे दुनिया को सीखने की सख्त ज़रूरत है: हर कोई आपके

साथ यात्रा खत्म करने के लिए नहीं बना है, लेकिन जो करते हैं, वे ही वे लोग हैं जिनके आसपास अपना जीवन बनाने लायक है।

आपका नरमपन कोई दोष नहीं है। यह एक ऐसी दुनिया के ख़िलाफ़ आपका शांत विद्रोह है जो बहुत आसानी से कठोर हो जाती है। पा ने हमें दिखाया कि आक्रामकता से ज़्यादा ताक़त विनम्रता में है। बड़े पापा ने साबित किया कि धैर्य उन पहाड़ों को हिला सकता है जिन्हें क्रोध कभी नहीं हिलाएगा। उन्होंने हमें दोनों ने याद दिलाया कि दयालुता कमज़ोरी नहीं है, यह एक ऐसी ताक़त है जो विश्वासघात, निराशा और यहाँ तक कि नुकसान से भी ज़्यादा समय तक जीवित रहती है।

अच्छे बने रहो। दयालु बने रहो। दुनिया अभी आपको नज़रअंदाज़ कर सकती है, लेकिन आपके जैसी आत्माएँ ऐसी विरासत बनाती हैं जिसे समय भी मिटा नहीं सकता। इतिहास के सच्चे निर्माता हमेशा वे नहीं होते जिनके पास मूर्तियाँ या सुर्खियाँ होती हैं। कभी-कभी, वे वे पुरुष होते हैं जो महीनों तक एक बीमार भाई के बिस्तर के पास चुपचाप बैठते हैं, या वे महिलाएँ जो आशा को जीवित रखने के लिए अपने दर्द के बावजूद भोजन बनाती हैं।

और अगर आप उस चिंगारी, उस आगे बढ़ने के कारण की तलाश कर रहे हैं, तो आकाश में मत खोजिए। अपने आस-पास देखिए। उन लोगों को देखिए जिन्हें आप प्यार करते हैं। उस व्यक्ति को देखिए जो आप बन रहे हैं। आपका उद्देश्य फ़िनिश लाइन पर इंतज़ार कर रहा एक पुरस्कार नहीं है। यह एक विकल्प है जिसे आप हर दिन करते हैं, सामने आने का, फिर से कोशिश करने का, अपने दिल को पेश करने का तब भी जब वह चोटिल हो।

"फिर से शुरू करो। इसलिए नहीं कि तुम असफल हुए, बल्कि इसलिए कि तुम आगे बढ़े हो।"

पा और बड़े पापा ने कभी ट्राफियों का पीछा नहीं किया। उन्हें कभी दुनिया की तालियों की ज़रूरत नहीं पड़ी। उन्होंने जो बनाया वह कहीं ज़्यादा महान था: वे ऐसे लोग बन गए जिन पर दूसरे भरोसा कर सकते थे। वह सबसे बड़ी

सफलता है, कोई ऐसा व्यक्ति होना जिसकी उपस्थिति शांति लाती है, जिसकी ताक़त शांत होती है, और जिसका प्यार तूफ़ान से ज़्यादा समय तक टिकता है।

तो अगर आप दुःख, क्रोध, विश्वासघात को थामे हुए हैं, आपको इसे रखने की ज़रूरत नहीं है। इसे जाने दो, उनके लिए नहीं, बल्कि तुम्हारे लिए। खुद को उस कहानी से मुक्त करो जिसने तुम्हें चोट पहुंचाई, और एक ऐसी कहानी लिखो जो तुम्हें ठीक करे।

आप पीछे नहीं हैं, आप बन रहे हैं। और हर बार जब आप बदले पर प्यार, अराजकता पर शांति, क्रोध पर माफ़ी चुनते हैं, आप उन लोगों की तरह और ज़्यादा बन जाते हैं जिन्हें दुनिया जश्न मनाना भूल जाती है लेकिन जिनकी उसे सख्त ज़रूरत है।

और शायद, यही सबसे बड़ा सबक है: महानता दुनिया द्वारा याद किए जाने में नहीं है, यह उन लोगों द्वारा याद किए जाने में है जो आपकी मेज़ पर बैठते हैं, जो आपका नाम ढोते हैं, जो अगली पीढ़ी के कानों में आपके मूल्यों को फुसफुसाते हैं।

जब मैं आज पा और बड़े पापा को देखती हूँ, तो मैं सिर्फ दो पुरुषों को नहीं देखती जिन्होंने अपने परिवार को ढोया। मैं दो शिक्षकों को देखती हूँ जिनके बारे में दुनिया कभी नहीं जानती थी कि उसके पास है। धैर्य के शिक्षक, बलिदान के, शांत ताक़त के। उनकी कक्षा हमारा घर थी। उनके सबक जिए गए, बोले नहीं गए। और उनके छात्र, हम, उनका पाठ्यक्रम हमेशा के लिए अपने दिल में रखते हैं।

अगर दुनिया कभी मुझसे पूछे कि सच्ची सफलता कैसी दिखती है, तो मैं धन, या शक्ति, या प्रसिद्धि की ओर इशारा नहीं करूँगी। मैं दो भाइयों की ओर इशारा करूँगी जिन्होंने बार-बार एक-दूसरे को चुना, तब भी जब जीवन ने उन्हें दूर जाने का हर कारण दिया।

और एक दिन, जब मुझसे पूछा जाएगा कि दुनिया उनसे क्या सीख सकती है, तो मैं यह कहूँगा:

"दुनिया को लबादे वाले नायकों की ज़रूरत नहीं है। उसे ऐसे भाइयों की ज़रूरत है जो तूफ़ान में एक-दूसरे का हाथ थामें। उसे और ज़्यादा परिवारों की ज़रूरत है जो अहंकार पर प्यार को चुनें। उसे और ज़्यादा लोगों की ज़रूरत है जो मानते हैं कि अच्छा होना ही पर्याप्त है। क्योंकि अच्छाई, जब लंबे समय तक अभ्यास की जाती है, तो एक ऐसी विरासत बन जाती है जिसे समय भी मिटा नहीं सकता।"

और इसके साथ ही, मैं इस अध्याय को बंद करती हूँ, यह जानते हुए कि यह सिर्फ मेरे पा और बड़े पापा के बारे में एक कहानी नहीं है। यह दुनिया के सामने रखा गया एक दर्पण है। एक दर्पण जो फुसफुसाता है: आप ऐसे हो सकते हैं, अगर आप प्यार को वैसे ही चुनें जैसे उन्होंने चुना।

***

अध्याय 8: हमारे भीतर की आग – दृढ़ता और आशा की कहानी

"दुनिया जब किसी मज़बूत इंसान को देखती है, तो मान लेती है कि वह जन्म से ऐसा था। पर असली ताक़त चुप्पी में बुनी जाती है, दर्द, बीमारी, त्याग और उस आग से जो हमें हारने नहीं देती।"

ज़िंदगी में दो तरह की लड़ाइयाँ होती हैं, एक वो जो दुनिया देखती है, और दूसरी वो जो हम हर दिन चुपचाप लड़ते हैं, जब कोई आसपास नहीं होता।

मेरे दादा-दादी... दोनों को डायबिटीज था। दवाइयाँ, डाइट, हर रोज़ की सीमाएँ, सब उन्होंने शांति से झेला। पर मैंने उन्हें कभी शिकायत करते नहीं देखा। मुझे बस इतना याद है कि आख़िरी मिठाई का टुकड़ा भी वे हमें ही देते थे, जबकि उनका शरीर उसे बर्दाश्त भी नहीं कर पाता था। यही होता है चुपचाप किया गया त्याग।

और मेरे पापा? वे हर दिन किसी ना किसी दर्द के साथ जीते थे। कभी शरीर दुखता, कभी मन, और कभी ऐसा दर्द जिसे कोई देख भी नहीं सकता। पर उन्होंने कभी दिखने नहीं दिया। बस हल्का-सा मुस्कुराते और आगे बढ़ जाते। जैसे दर्द को उनसे इजाज़त ही नहीं थी।

मेरी माँ ने तो सबकुछ कुर्बान कर दिया, अपनी जवानी, अपने सपने, अपनी सेहत। वह हम सबके लिए जीती रहीं। और बदले में कभी कुछ माँगा नहीं। उनकी ख़ामोशी ही उनका राजसी स्वभाव था, उनका धैर्य ही उनकी ताक़त।

और बड़ी माँ... उन्होंने अपनी ही दुनिया की जंग लड़ी। गर्भधारण का संघर्ष, फिर ब्रेस्ट कैंसर, और बाद में ब्लड प्रेशर व डायबिटीज। पर उनसे पूछो, "कैसी हो?" तो हमेशा कहतीं, "मैं ठीक हूँ।" उन्होंने कभी अपने दर्द को अपनी मुस्कान को फीका नहीं होने दिया, यही उनकी किस्मत के खिलाफ बगावत थी।

बड़े पापा ... हमारे पूरे परिवार की रीढ़। तनाव बढ़ता तो उनका रक्तचाप बढ़ जाता। पर उन्होंने कभी पीछे कदम नहीं रखा। हाथ काँपते थे, पर हमें संभालते थे। दिल दुखता था, पर हम सबके लिए मज़बूती से खड़े रहते।

घर के हर व्यक्ति की अपनी-अपनी लड़ाई थी, फिर भी हम कभी टूटे नहीं। क्योंकि जब एक झुकता था, बाकी उसे थाम लेते थे। यही असली परिवार होता है, परफेक्ट लोग नहीं, बल्कि वे लोग जो हर हाल में एक-दूसरे को चुनते हैं।

"परिवार की ताक़त तस्वीरों वाली मुस्कानों से नहीं मापी जाती। वह आँसुओं से मापी जाती है जिन्हें चुपचाप पोंछा गया हो, उन हाथों से जिन्हें कोई नहीं देखता पर वे संभालते रहते हैं।"

लोग पूछते हैं, "हम वो आग कैसे पाएँ? वो ताक़त कैसे आए?"

उसका जवाब किताबों में नहीं, भाषणों में नहीं। वह छिपा है छोटी-छोटी आदतों में। उन फैसलों में जो आप तब लेते हैं जब कोई आपकी तारीफ़ नहीं कर रहा होता। जब आप थके होते हैं पर फिर भी बच्चों के लिए खाना बनाते हैं। सिर दर्द में ऑफिस जाते हैं ताकि घर चले। जब अंदर से टूटे होते हैं पर फिर भी मुस्कुराते हैं।

यही है आग।

अपने अंदर की हिंमत को कैसे बढ़ाएँ?

१. **अपने से बड़ा कारण ढूँढो:** अगर सिर्फ अपने लिए जी रहे हो, तो मुश्किलें आते ही हिम्मत टूट जाएगी। पर जब माँ की मुस्कान, बच्चे का भविष्य, या पिता की शांति आपका कारण बन जाए, तो आग रुकती नहीं।

२. **सही समय का इंतज़ार बंद करो:** दर्द हमेशा रहेगा। हालात कभी परफेक्ट नहीं होंगे। अभी शुरू करो। पहली चिंगारी तभी उठती है जब आप डर, शक और काँपते हाथों के साथ पहला कदम उठाते हैं।

३. **रूटीन नहीं, रस्में बनाओ:** रूटीन बोर करता है। रस्में अर्थ से भरी होती हैं। काम पर निकलने से पहले छोटी-सी प्रार्थना। शाम को किसी प्रिय के साथ कॉफी। कामों को प्यार में बदलो।

४. **नतीजों से नहीं, मेहनत से प्यार करो:** कई बार आपकी मेहनत दिखेगी भी नहीं। फिर भी करो। क्योंकि जब वजह प्यार हो, नतीजे मायने नहीं रखते।

"कई बार आग अंदर दहाड़ती नहीं... बस धीमी आवाज़ में कहती है, 'कल फिर कोशिश करना।' और वही आवाज़ काफ़ी होती है।"

कई रातें थीं जब हमें समझ नहीं आता था कि कल कैसे गुज़रेगा। दवाइयाँ महँगी थीं। खाना बाँटना पड़ता था। उम्मीद हमें खुद बनानी पड़ती थी।

पर फिर कोई मज़ाक करता। कोई थोड़ा अतिरिक्त चिप्स तल देता। कोई कहता, "आज रात मूवी देखते हैं।" और बस वही पल, एक छोटी-सी मुस्कान, पूरे हफ्ते की चिंगारी बन जाती।

चिंगारी बाहर से नहीं आती। वह भीतर से उठती है, जब आप कड़वाहट नहीं, प्यार चुनते हैं। बहाने नहीं, कोशिश चुनते हैं। जब आप चलते रहते हैं, तभ भी अगर कोई ताली नहीं बजा रहा।

"५ मिनट का समय" नियम

- १ मिनट, गहरी साँसें लेकर नए दिन को भीतर लो।
- १ मिनट, अपने तीन आभार बोलो।
- १ मिनट, थोड़ा शरीर हिलाओ, स्ट्रेच ही सही।
- १ मिनट, ज़ोर से कहो, "मैं आज हार नहीं मानूँगा।"
- १ मिनट, किसी के लिए एक छोटा-सा काम करो।

बस पाँच मिनट... और अंदर का साहस जागृत हो जाता है।

"ज़िंदगी बदलने के लिए तुम्हें सौ कदम नहीं चाहिए। कभी-कभी पाँच ही काफ़ी होते हैं, अगर वे प्यार से किए जाएँ।"

हममें कोई परफेक्ट नहीं था, पर सब मौजूद थे। यही हमें जलाए रखता था।

"ताक़त दर्द के न होने से नहीं आती, बल्कि दर्द के बीच भी उद्देश्य को पकड़े रहने से आती है।"

लोग कहते हैं, "मैं फँसा हुआ हूँ। मेरा कोई बड़ा लक्ष्य नहीं। मैं आग के साथ के जीऊ?"

सच्चाई?
आपको बड़ा सपना नहीं चाहिए।
आपको छोटे-छोटे उद्देश्य चाहिए, जिन्हें दिल से जिया जाए।

कोशिश करो:

- किसी को हर दिन हँसाओ।
- माता-पिता की मदद करो, बिना कहे।
- हर दिन कुछ नया सीखो।
- चाहे जीत सकते हो, फिर भी झगड़ा मत करो।
- किसी ऐसे को फोन करो जो तुम्हें याद करता हो।

ये छोटे काम नहीं... ये चिंगारियाँ हैं। और चिंगारियाँ ही आग बनाती हैं।

एक शाम मैंने पापा को चुप बैठे देखा। शरीर थका हुआ था। कई दिनों की मेहनत ने तोड़ दिया था। मैंने पूछा, "पा, कभी थकते नहीं थकाने से?" उन्होंने मुस्कुराकर कहा, "मेरे पास थकने का विकल्प नहीं। मैं गिर गया... तो तुम्हारे लिए कौन उठेगा?"

यही थी उनकी आग।

"असली योद्धा ताक़त नहीं चुनते... उन्हें ताक़त चुनती है, उन लोगों की वजह से जो उन पर निर्भर होते हैं।"

"३-C नियम", एक हफ्ता आज़मा कर देखो

१. **Clarity (स्पष्टता):** सुबह खुद से पूछो, "आज रात मुझे किस बात पर गर्व चाहिए?"

२. **Courage (साहस):** रोज़ एक ऐसा काम करो जो डराता हो, कठिन कॉल, अपने लिए बोलना, नया काम।

३. **Compassion (दया):** खुद से और दूसरों से नरमी बरतो, कम बोलो, ज़्यादा सुनो, कम जज करो।

डायरी लिखो। अपने दिनों को देखो। तुम्हें महसूस होगा कि तुम्हारी रूह धीरे-धीरे जलने लगी है।

"आप हमेशा बहादुर महसूस नहीं करेंगे, पर आप हमेशा कोमल रहना चुन सकते हैं, अपने दर्द के साथ, अपने रास्ते के साथ।"

हमारे पास छुट्टियाँ नहीं थीं, न महंगे शौक।
हमारे पास बस, एक-दूसरे थे।
और वही काफ़ी था।

कभी हमारी आग साथ में डिनर करते हुए हँसी से आती।
कभी बालकनी में चुपचाप बैठने से।
कभी दादा-दादी की काँपती उँगलियों से चाय पीते हुए आती, पर उनकी आँखों में शांति होती।

आज भी जब मैं खो जाती हूँ, मैं सफलता के बारे में नहीं सोचती।
मैं उन पलों को याद करती हूँ।
वही आग ने मुझे बनाया है।

“सूरज का पीछा करने की ज़रूरत नहीं। कभी-कभी शांत कमरे में मोमबत्ती की रोशनी भी तुम्हें तुम्हारा उजाला याद दिला देती है।”

कुछ दिन ऐसे आते हैं जब आग राख जैसी लगती है। जब कुछ समझ नहीं आता। जब शरीर भारी लगता है। जब आगे बढ़ने का विचार भी थका देता है।

ठीक है। आग बुझती नहीं, बस वजन के नीचे छिप जाती है।

उन दिनों...
तुम्हें दहाड़ने की ज़रूरत नहीं।
बस सांस लो।
आराम करो।
एक घंटा किसी तरह गुज़ार लो।
फिर, एक दयालु काम कर लो।
किसी को फोन कर लो।
ज़रूरत हो तो रो लो।
बस इतना काफ़ी है आग को ज़िंदा रखने के लिए।

“तुम्हारे भीतर की आग दूसरों को दिखाने के लिए नहीं, तुम्हें गर्म रखने के लिए है।”

दर्द वह सिखाता है जो आराम नहीं सिखा सकता।
वह सिखाता है कि लोगों को सतह से परे कैसे देखा जाए।
कैसे बिना शर्त के प्यार किया जाए, जब कोई न सुंदर रहे, न मज़बूत, न उपयोगी।

कैसे चलना जारी रखा जाए, न कि डर न होने की वजह से, बल्कि क्योंकि किसी को आपकी हिम्मत की आवश्यकता होती है।

मेरे पापा ने मुझे कभी लड़ना नहीं सिखाया, बस दिखाया कि लड़ना कैसा दिखता है। बड़े पापा ने नेतृत्व पर भाषण नहीं दिया, बस नौ लोगों के परिवार

को महामारी, पैरालिसिस, कैंसर और गरीबी में संभाल लिया... बिना आवाज़ ऊँची किए।

"कुछ सबक शब्दों से नहीं आते, आते हैं उन लोगों को देखकर, जो हर दिन खुद को भूलकर दूसरों को चुनते हैं।"

हर खोई चीज, चाहे सेहत, उम्मीद या खुशी, एक खाली जगह बनाती है। पर खालीपन भी एक अवसर है।

उस जगह को भरो:

- नई आदत से
- एक चिट्ठी से
- अपने भीतर के बच्चे से
- एक प्रार्थना से, चाहे विश्वास ना हो, पर महसूस करने के लिए

हमारे परिवार में भी नुकसान पर नुकसान आए, सेहत, पैसा, आज़ादी। पर हर नुकसान के साथ हमने कुछ जोड़ा:

- साथ में और समय
- चाय पर और कहानियाँ
- जो बचा था उसकी कद्र

यही है आग, जो छीने जाने से नहीं, बल्कि जोड़े जाने से बढ़ती है।

"हर नुकसान दो विकल्प देता है, मोमबत्ती जलाओ या अंधेरे को कोसो। हर बार मोमबत्ती ही जलाओ, चाहे हाथ काँपें।"

ज़िंदगी में हमेशा पंखों वाले फ़रिश्ते नहीं मिलते।
कभी वे बसों में मिलते हैं।
कभी अस्पताल की लाइन में।
कभी ऐसे घरों में जहाँ हर इंसान थका हुआ है, पर फिर भी एक-दूसरे के लिए लड़ रहा है।

एक बार मैं मेडिकल स्टोर पर थी। पा और बड़ी माँ की दवाइयाँ ले रही थी। हाथ दवाइयों से नहीं, बिलों से काँप रहे थे। डर, जिम्मेदारी, सब भारी था।

तभी एक अजनबी ने पूछा, "बेटा, ठीक हो?"
मैंने सिर हिलाया, पर उसने मेरे अंदर का बोझ देख लिया।
उसने धीरे से कहा,
"कभी-कभी ईश्वर सबसे मुलायम दिल वालों को सबसे कठिन रास्ते देता है।
कठोर मत बनना। बस और चमकना।"

अगर तुम यह पढ़ रहे हो और खोए हुए हो,
तो यह अध्याय तुम्हारा हाथ पकड़ ले।

तुम्हें दहाड़ने की ज़रूरत नहीं।
तुम्हें जीतने की ज़रूरत नहीं।
तुम्हें चमकने की ज़रूरत नहीं।

बस आग को ज़िंदा रखो, अगर आज वह सिर्फ एक चिंगारी ही क्यों न हो।

क्योंकि एक दिन, अनजाने में, वही चिंगारी उठेगी।
दिल फिर से खुलेगा।
और तुम्हें एहसास होगा कि हर चुप लड़ाई, हर ठोकर, हर रात की रुलाई...
तुम्हें सिर्फ बचा नहीं रही थी, तुम्हें बदल रही थी।

और उस दिन तुम भी फुसफुसाओगे, वही सच जो मेरे परिवार ने हर दिन जिया:

"मैं अब भी यहाँ हूँ।
मैं अब भी कोशिश कर रहा हूँ।
और इतना काफ़ी है... मेरी दुनिया को फिर से जलाने के लिए।"

***

अध्याय 9: बचपन में युवानी की समझ

"कुछ बच्चों को ढोने के लिए खिलौने दिए जाते हैं, दूसरों को ज़िम्मेदारियाँ। कुछ को गुब्बारे सौंपे जाते हैं, दूसरों को बोझ। लेकिन इस भार में भी, एक अजीब तरह की शक्ति जन्म लेने की प्रतीक्षा कर रही होती है।"

हमारी कहानी कभी एक संपूर्ण बचपन के बारे में नहीं थी। यह एक अधूरे बचपन के बारे में थी, उन परिस्थितियों से छोटा हो गया जो हमने कभी माँगी नहीं, उन स्थितियों से परखा गया जिसके हम कभी पात्र नहीं थे। जब पिता के दुर्घटनाग्रस्त होने से वह लकवाग्रस्त हो गए, तो हमारा जीवन रातोंरात बदल गया। वह घर जो कभी लापरवाह हँसी से गूँजता था, अब चिंता की फुसफुसाहटों, न चुकाए गए बिलों, शेल्फ पर रखी दवाइयों और उन अनकहे डर से भर गया जिन्हें बच्चे भी नज़रअंदाज़ नहीं कर सकते थे।

हम बहुत छोटे थे, जीवन की कठोरता के संपर्क में आने के लिए। फिर भी हमने ऐसी बातें सुनीं जो किसी बच्चे को नहीं सुननी चाहिए। जिन लोगों ने समझा नहीं, या शायद न समझने का फैसला किया, उन्होंने ऐसे टिप्पणियाँ कीं जो तीरों की तरह चुभती थीं। हमारे पिता की हालत के बारे में फुसफुसाहटें। हम कैसे ज़िंदा रहेंगे, इस बारे में सवाल। सहानुभूति के वेश में दया। हर शब्द उस तूफ़ान की याद दिलाता था जिसमें हमें बड़े होने के लिए मजबूर किया गया था। मेरे भाई, मेरी बहन और मैंने उन ज़ख़्मों को चुपचाप ढोया, क्योंकि उन्हें वापस सौंपने वाला कोई नहीं था।

लेकिन जीवन आपको वह नहीं देता जो आपका हक़ है। यह आपको वह देता है जिसे आपको सहना है। और यद्यपि हमारा बचपन चोरी हो गया था, हमारी कृतज्ञता की भावना नहीं। हमने हर दिन ईश्वर का धन्यवाद किया कि पा अभी भी ज़िंदा हैं। टूटे हुए, बिस्तर पर, लेकिन उपस्थित थे। उनकी मुस्कान, भले ही फीकी हो, हमारे खोए हुए सभी धन से अधिक मूल्यवान थी।

दुनिया शायद ही कभी यह नोटिस करती है कि जब जीवन तूफ़ान बहुत जल्दी भेजता है तो बच्चे कैसे बदल जाते हैं। हमसे खेलने की उम्मीद थी, लेकिन इसके बजाय हमने योजना बनाना सीखा। हमें लापरवाह होना चाहिए था, लेकिन इसके बजाय हमने ख़ुद चिंता को ढोया।

मेरे भाई और बहन, विशेष रूप से, पा और बड़े पापा के दर्पण बन गए। वे अभी भी बहुत छोटे थे, फिर भी मैंने उन्हें ऐसे क्षणों में खंभों की तरह खड़े देखा जहाँ वयस्क भी डगमगा सकते थे। मेरा भाई, जिसके हाथ भारी वज़न उठाने के लिए अभी भी बहुत छोटे थे, उसने खुद से कहीं बड़ी ज़िम्मेदारियाँ उठाना सीखा। खिलाते समय पा का सिर धीरे से वही पकड़ता था। दवाएँ वही लाता था, छोटे-मोटे काम वही करता था, उन लाइनों में खड़ा होता था जो बड़े पुरुषों के लिए होनी चाहिए थीं। उसका बचपन खिलौनों में नहीं, बल्कि कार्यों में मापा गया।

मेरी बहन भी खामोशी में बदल गई। वह घर की कोमल ताक़त बन गई, वह जो ज़ोर से प्रार्थना करती थी जब हम बाकी लोग अपने डर छिपाते थे। वह पा की साँस जाँचने के लिए रात में जागती थी, एक संरक्षक देवदूत की तरह कमरे में फिसलती थी। कभी-कभी वह ईश्वर से फुसफुसाती थी, “कृपया उन्हें सुरक्षित रखना। मैं हंमेशा बेहतर करूँगी। मैं और मज़बूत बनूँगी।” उसने बोझ अपनी पीठ पर नहीं, बल्कि अपने दिल में ढोया।

और मैं? मैं सोलह साल की थी, लेकिन मुझे खुद को तीसकी महसूस करती थी। मैंने बिलों की गणना करना, नुस्खे पढ़ना और ऐसे निर्णय लेना सीखा जो कभी किशोर कंधों पर नहीं पड़ने चाहिए। किशोर सपनों या भटकावों के लिए कोई जगह नहीं थी। मेरा "क्लासरूम" खुद जीवन था, और मेरी "परीक्षाएँ" दैनिक अस्तित्व थीं।

हम तीनों ने मिलकर अपने माता-पिता के चारों ओर एक ढाल बनाइ। पूर्ण रूप से नहीं, हमेशा बहादुरी से नहीं, लेकिन पूरी ईमानदारी से। हम, अपने-अपने तरीकों से, ताक़त की दूसरी पीढ़ी बन गए। जो पा और बड़े पापा ने

कभी परिवार के लिए किया था, अब हम उसी की नकल करने लगे, शुरुआत में अनाड़ी, लेकिन हर परीक्षा के साथ मज़बूत होते गए।

मानो जीवन हमें किसी बड़ी चीज़ के लिए तैयार कर रहा था। हमारे लिए माता-पिता बनना खुद जल्दी आ गया, बच्चों को पालने में नहीं, बल्कि ज़िम्मेदारियों को पालने में। और यद्यपि यह दुखदायक था, इसने हमें यह भी सिखाया कि जीवन में सब कुछ वास्तव में समय पर आता है, भले ही समय अनुचित लगे।

कई दिन थे जब दुनिया ने हमें हमारे अंतर की याद दिलाई। लोगों ने बात की, कभी क्रूरता से,तो कभी लापरवाही से। हमने ऐसी बातें सुनीं जो किसी बच्चे को सुनने के लायक नहीं थीं, हमारे पिता के लकवे के बारे में फुसफुसाहटें, हमारे परिवार के "बोझिल" होने के बारे में, हमारे भविष्य के कभी न चमकने के बारे में। शब्द जो किसी भी घाव से ज़्यादा गहरे कट सकते थे।

वो हर घाव हमनें चुपचाप ढोया, क्योंकि हम और क्या कर सकते थे? मेरे भाई, मेरी बहन और मैंने अक्सर एक-दूसरे को देखा, हम बिना बोले एक-दूसरे के दर्द को समझते थे। उन शब्दों ने हमें कठोर बनाया, लेकिन उन्होंने हमें सही जगहों पर नरम भी बनाया। उन्होंने हमें सिखाया कि दूसरों के साथ वही क्रूरता न करें।

कभी-कभी मैं सोचती थी कि अगर वह एक दुर्घटना कभी नहीं होती तो जीवन कैसा होता। अगर पा उस सुबह ७ सितंबर २०१४ को घर से कभी नहीं निकलते। अगर वह वैसे ही मज़बूत आदमी बनकर लौटते जैसे वह हमेशा थे। शायद हमारा घर अलग होता। शायद हमारा बचपन कम ज़िम्मेदारियों और अधिक साधारण सपनों से भरा होता। शायद हमारा वित्तीय जीवन आसान, अधिक स्वतंत्र, अधिक आरामदाई होता।

लेकिन फिर एक और विचार हमेशा आता था, मेरे कंधे पर एक शांत करने वाले हाथ की तरह, कम से कम वह अभी भी हमारे साथ हैं। कम से कम हम अभी भी उनकी आवाज़ सुन सकते हैं, उनकी मुस्कान देख सकते हैं, उनकी

उपस्थिति महसूस कर सकते हैं। उस एहसास ने सब कुछ बदल दिया। जो अभिशाप हो सकता था, वह एक अजीब तरह का वरदान बन गया। हमसे एक पिता नहीं छीना गया; हमें उनसे ज़्यादा गहराई से प्यार करने का मौका मिला जितना ज़्यादातर बच्चों को कभी मिलता है।

पैसों की कमी थी, हाँ। सपने अक्सर टूटते महसूस होते थे। लेकिन हमारे दिल अभी भी भरे हुए थे, क्योंकि पा ज़िंदा थे। और कभी-कभी, अस्तित्व ही सबसे बड़ा वरदान होता है जिसे आप मिल सकते हैं।

यह उन क्षणों में था कि कृतज्ञता ने चुपचाप दुःख की जगह ले ली। हमने सीखा कि जो खो गया, उसका शोक मनाने के बजाय जो बचा है उसे गिनना बेहतर है।

जैसे-जैसे साल गुज़रे, कुछ उल्लेखनीय चीज़ें सामने आने लगीं। मेरे भाई और बहन, जिन्हें खेल और होमवर्क का पीछा करने वाले बच्चे होना चाहिए था, उन्होंने ऐसी ज़िम्मेदारियाँ उठाना शुरू कर दिया जो उनके छोटे कंधों के लिए बहुत भारी थीं, फिर भी, उन्होंने उन्हें शालीनता से निभाया।

मेरा भाई अपनी उम्र से कहीं ज़्यादा सुरक्षात्मक बन गया। वह जानता था कि कौन से बिल चुकाने हैं, कौन सी दवाएँ खरीदनी हैं, कौन से छोटे-मोटे काम इंतज़ार नहीं कर सकते। उसकी आवाज़ स्थिर हो गई, उसके कदम अधिक उद्देश्यपूर्ण। कभी-कभी, जब पा ज़ोर से नहीं बोल पाते थे, तो मेरा भाई उनकी आवाज़ बन जाता था, मेडिकल काउंटरों पर खड़ा होकर, सवाल पूछता, ऐसे फैसलों को शांतचित्त से लेता जो उसकी उम्र के नहीं थे।

और मेरी बहन, वह एक शांत योद्धा बन गई थी। उसने अपने धैर्य, अपनी शांत उपस्थिति, अपनी अटूट आशा से घर को एक साथ थामे रखा। उसने कभी बलिदानों की शिकायत नहीं की। इसके बजाय, उसने सभी के दिलों को हल्का करने के छोटे-छोटे तरीके खोजे, कार्ड बनाना, साधारण स्पर्श से हमारे घर को सजाना, पा से फुसफुसाना, "चिंता मत करो, हम सब संभाल लेंगे।" उसका साहस शांत था, लेकिन यह हमारे घर की दीवारों में गूँजता था।

वे पा और बड़े पापा का दूसरा संस्करण बन गए, इसलिए मज़बूत नहीं कि वे बनना चाहते थे, बल्कि इसलिए कि जीवन ने इसकी माँग की थी। और किसी तरह, उन्होंने बिना किसी झिझक के उस माँग का जवाब दिया।

मैं अक्सर अब उन्हें देखती हूँ और सोचती हूँ: अगर वे इतनी कम उम्र में हमारे परिवार को थाम सकते हैं, तो सोचिए वयस्क के रूप में वे किस तरह के विशाल बनेंगे। उन्होंने पहले ही साबित कर दिया है कि ताक़त मांसपेशियों में नहीं है, बल्कि दोनों हाथों से प्यार को ढोने में है।

और मुझे कुछ और भी एहसास हुआ, जीवन आपको वह पिता नहीं दे सकता जो पार्क में आपके बगल में दौड़ता है, लेकिन यह आपको एक भाई दे सकता है जो ढाल की तरह खड़ा होता है। यह आपको वह माँ नहीं दे सकता जो आराम कर सके, लेकिन यह आपको एक बहन दे सकता है जो उसका दूसरा दिल की धड़कन बन जाती है। किसी तरह, जीवन हमेशा प्रदान करता है, उस तरह से नहीं जिसकी आप उम्मीद करते हैं, बल्कि उस तरह से जिसकी आपको ज़रूरत होती है।

हमारी कहानी इसका प्रमाण है।

हमने ऐसे शब्द सुने जिनके हम हकदार नहीं थे, ऐसे फैसलों को सहा जिनका हमें कभी सामना नहीं करना चाहिए था। लोग हमें अलग तरह से देखते थे क्योंकि हमारे पिता लकवाग्रस्त थे। कुछ फुसफुसाए, कुछ ने संदेह किया तो किसीने दया दिखाई। वे शब्द किसी भी वित्तीय संघर्ष से ज़्यादा गहरे कटते थे। लेकिन फिर भी, हम खड़े रहे। हम खड़े रहे क्योंकि पा अभी भी हमारे साथ थे। उनकी साँस, आवाज़, मुस्कान, दर्द में भी, उन हर चीज़ से बड़ा आशीर्वाद थे जो हमने खो दी थी।

और शायद यही सबसे बड़ी सच्चाई है जो हमने खोजी: जब आपसे वह छीन लिया जाता है जिसे दुनिया "सामान्य" कहती है, तो आप वह देखना शुरू कर देते हैं जो वास्तव में मायने रखता है। हमारे पास कोई विलासिता नहीं थी,

कठिनाई से कोई स्वतंत्रता नहीं थी, लेकिन हमारे पास पा ज़िंदा थे, और केवल यही असीम धन था।

अब, जब मैं अपने भाई और बहन को देखती हूँ, तो मुझे एक आग दिखाई देती है जिसे खुद जीवन ने जलाया है। वे युवा आत्माओं में विकसित हो गए हैं जो एक पूरे परिवार को अपने कंधों पर थाम सकते हैं, जिस तरह पा और बड़े पापा ने कभी हम सबको थामा था। वे इस बात का प्रमाण हैं कि संघर्ष मासूमियत का अंत नहीं है, यह ताक़त की शुरुआत है।

और मैं? मैं यह सब अपने दिल में रखती हूँ, अधूरा बचपन, टूटी हुई सहजता, लेकिन यह जानने का उपहार भी कि सबसे कठोर तूफ़ानों में भी, हमें कभी वास्तव में त्यागा नहीं गया।

क्योंकि अंत में, हमारी कहानी इस बारे में नहीं है कि हमने क्या खोया। यह इस बारे में है कि हम क्या बने।

हम बच्चे थे जो योद्धा बन गए।

हम भाई-बहन थे जो स्तंभ बन गए।

हम एक परिवार थे जिसने ज़ख्मों को ज्ञान में बदल दिया।

और शायद, बस शायद, यही वह है जो दुनिया को सीखने की ज़रूरत है: कभी-कभी सबसे कठिन बचपन सबसे मज़बूत विरासतें बनाते हैं।

आज भी, जब मैं अमेरिका में दूर बैठी हूँ, मेरी हर साँस अभी भी उनके साथ बंधी हुई महसूस होती है। मैं समुद्रों के पार रह सकती हूँ, लेकिन मेरा दिल मेरे परिवार के साथ तालमेल बिठाता है। यहाँ की हर सुबह उनके विचार से शुरू होती है, और हर रात इस कृतज्ञता के साथ समाप्त होती है कि वे एक-दूसरे को वैसे ही थामे हुए हैं जैसे पा और बड़े पापा ने कभी हम सबको थामा था।

वे अब आर्थिक रूप से स्वतंत्र हैं। मेरे भाई ने, अपने हाथों से, पा के खानपान के व्यवसाय को आगे बढ़ाते हुए ज़मीन से एक व्यवसाय खड़ा किया है, न केवल आजीविका के रूप में, बल्कि एक विरासत के रूप में। मेरी बहन एक

बहादुर आत्मा में बड़ी हुई है, कोई ऐसी जो शांत ताक़त के साथ ज़िम्मेदारियाँ उठा सकती है। और मेरी माँ, अभी भी रीढ़ की हड्डी है, हमें जोड़े रखती है, चाहे मैं दुनिया में कहीं भी हूँ।

ईमानदारी से कहूँ तो, यह सब आसान नहीं रहा है। हर मुस्कान के पीछे बलिदान छिपा है। हर सफलता के पीछे नींद रहित रातें हैं। फिर भी, उन्होंने मुझे, और दुनिया को, दिखाया है कि जीवन कितना भी भारी क्यों न हो जाए, आपको कभी भी एक-दूसरे का हाथ नहीं छोड़ना चाहिए।

हमारी कहानी से हर कोई यह सीख सकता है: अपनी कठिनाइयों को आपको कड़वा न बनने दें। परिस्थितियों को आपको विभाजित न करने दें। हर दिन एक अवसर है, अपने परिवार को और कसकर थामने का, एक-दूसरे को याद दिलाने का कि हर तूफ़ान के अंत में, एकमात्र आश्रय जो आपके पास वास्तव में होगा, वह वे लोग हैं जो आपसे प्यार करते हैं।

और सबसे ऊपर, अपने परिवार में विश्वास रखे। जब आपकी ताक़त चली जाए तो उनकी ताक़त में विश्वास करें। जब बाकी सब विफल हो जाए तो एक साथ होने की शक्ति में विश्वास करें। क्योंकि सच्चाई सरल लेकिन शाश्वत है: दुनिया आपको भूल सकती है, दोस्त आपको छोड़ सकते हैं, धन लुप्त हो सकता है, लेकिन परिवार हमेशा रहेगा।

यही हमारी विरासत है। यही हमारी वसीयत है। और यही हमारा अटूट सत्य है।

***

उपसंहार: और इस तरह, हम आगे बढ़ते हैं...

जैसे ही मैं इस किताब पर अंतिम विराम लगाती हूँ, मुझे एक बात का एहसास होता है: कहानियाँ कभी सचमुच ख़त्म नहीं होतीं। वे उस तरह से ज़िंदा रहती हैं जिस तरह से हम उन्हें ढोते हैं, जिस तरह से वे हमें बदलती हैं।

मेरे परिवार की यात्रा बाढ़, दुर्घटनाओं, बीमारियों, विश्वासघात और अंतहीन परीक्षाओं से भरी रही है। लेकिन यह प्रार्थनाओं, हँसी, अस्तित्व और उस प्यार की यात्रा भी रही है जिसने साथ छोड़ने से इनकार कर दिया।

यदि आप इन पन्नों से केवल एक सबक लेते हैं, तो वह यह हो: परिवार आराम से परिभाषित नहीं होता, यह प्रतिबद्धता से परिभाषित होता है। जब दुनिया बिखर जाती है, तो आपको दौलत, पद या तालियों की ज़रूरत नहीं होती। आपको बस एक-दूसरे की ज़रूरत होती है।

और जब आपके पास वह होता है, तो आपके पास सब कुछ होता है।

तो, आपके लिए, प्रिय पाठक, मैं यह अंतिम विचार छोड़ती हूँ:

जब जीवन आपको परखे, तो यह मत पूछो "मैं ही क्यों?" इसके बजाय पूछो, "मैं किसे थाम सकता हूँ, और मैं किसे सहारा दे सकता हूँ?" क्योंकि हर तूफ़ान के अंत में, जो एकमात्र आश्रय टिकता है, वह प्यार है।

कागज़ पर हमारी कहानी पूरी हो गई, लेकिन जीवन में, यह जारी है। हर फुसफुसाई गई प्रार्थना में, हर साझा किए गए भोजन में, चुपचाप और बिना पहचान के किए गए हर बलिदान में।

और शायद, बस शायद, जब आप इस किताब को बंद करेंगे, तो आप अपने परिवार के लिए अपनी बाँहें थोड़ी और खोलेंगे। क्योंकि किसी भी चीज़ से ज़्यादा, यही वह सच्ची विरासत है जिसे हम पीछे छोड़ना चाहते थे।

अभिस्वीकृति (Acknowledgments)

यह पुस्तक केवल मेरी नहीं है, यह हर उस आत्मा की है जो हमारे बगल में चली जब जीवन ने हमें घुटनों पर लाने की कोशिश की।

मेरे परिवार को, पा, बड़े पापा , माँ, बड़ी माँ, मेरे भाई, मेरी बहन और मेरे दादा-दादी, आप हर पृष्ठ की दिल की धड़कन हैं। आपका प्यार, आपके बलिदान, आँसुओं के बीच आपकी हँसी ही कारण है कि ये शब्द मौजूद हैं।

मेरे विस्तारित परिवार को, मेरी माँ की बहनों, मेरे पिता के चचेरे भाइयों, और हर रिश्तेदार को जो हमारी सबसे काली रातों में आगे बढ़ा, यह साबित करने के लिए धन्यवाद कि प्यार की कोई शर्त नहीं होती। आपने मुझे याद दिलाया कि परिवार सिर्फ़ वह नहीं है जहाँ आप जन्म लेते हैं, बल्कि वह है जो तूफ़ान आने पर सामने आता है।

और इस किताब को थामे हुए हर पाठक को, धन्यवाद। हमारे घर में कदम रखने के लिए, हमारे दर्द के साथ बैठने के लिए, और हमारी आशा का जश्न मनाने के लिए धन्यवाद। अगर ये अध्याय आपको अपने लोगों को क़रीब रखने, तेज़ी से माफ़ करने और बिना झिझक प्यार करने की याद दिलाते हैं, तो इस पुस्तक ने अपना काम कर दिया है।

प्रशंसापत्र

"मैंने इसे धीमे-धीमे पढ़ा, क्योंकि हर पन्ने पर कुछ सिखाने को था। जब मैंने इसे ख़त्म किया, तो मैं वो नहीं रहा जो पहले था। मैं नर्म हुआ, मज़बूत हुआ, और अपने घर के लिए और भी आभारी हो गया।"

- नितिन के ओझा
(पूर्व उपाध्यक्ष, कंप्यूटर सोसाइटी
ऑफ इंडिया-सूरत, और अध्यक्ष,
सूरत मैनेजमेंट एसोसिएशन)

***

लेखिका का परिचय: हिनाली दुधाणे

हिनाली दुधाणे एक सिविल इंजीनियर हैं, जिनका जीवन दृढ़ता, ज़िम्मेदारी और गहरे पारिवारिक मूल्यों से गढ़ा गया है। भारत में जन्मीं और अब संयुक्त राज्य अमेरिका में अपने करियर को आगे बढ़ा रही हिनाली, अपने सांस्कृतिक जड़ों को गर्व के साथ सँजोए हुए हैं, और दृढ़ निश्चय के साथ आगे बढ़ रही हैं।

"दो परछाइयाँ, एक रोशनी" उनकी पहली पुस्तक है, यह उनके पिता और उनके भाई के लिए एक समर्पण है, जिनकी शक्ति और एकता हिनाली के जीवन की बुनियाद बनी। इस किताब के ज़रिए, उनकी आशा है कि वे पाठकों को परिवार के मूल्य को समझने, आशा को अपनाने, और मुश्किलों को शालीनता से पार करने के लिए प्रेरित कर सकेंगी।

***

लेखिका के विचार (Author's Note)

कुछ किताबें स्याही से लिखी जाती हैं। यह वाली खून के रिश्ते, बलिदान और दो भाइयों के शांत साहस से लिखी गई है, जिन्होंने पूरे परिवार पर आसमान थामे रखा, ताकि हम बाकी लोग खड़े रह सकें।

मैंने यह कहानी एक लेखक के तौर पर नहीं लिखी। मैंने इसे एक बेटी के तौर पर लिखी। एक गवाह के तौर पर। किसी ऐसे व्यक्ति के तौर पर जिसने दो साधारण पुरुषों को असाधारण जीवन जीते देखा और मेरा दिल अब और सब कुछ संभाल नहीं पा रहा था, जब तक कि इसे कहीं सुरक्षित न रख दिया जाए। और मेरे लिए, सबसे सुरक्षित जगह कागज़ थी।

इस किताब में कोई कल्पना नहीं है, कोई फ़िल्टर नहीं है; यह एक ऐसे परिवार का भार रखती है जो झुका तो सही, पर कभी टूटा नहीं। मेरे पा, जिन्होंने अपने पैरों का उपयोग खो दिया, लेकिन अपनी आत्मा की आग कभी नहीं खोई। मेरे बड़े पापा , जो छत बन गए जिसके नीचे हम सब ज़िंदा रहे। और मैं, वह लड़की जिसने यह सब अपने दिल में तब तक ढोया जब तक कि यह पन्नों के रूप में बाहर नहीं निकल आया।

मैंने यह किताब संयुक्त राज्य अमेरिका में शुरू की, जहाँ मैं मास्टर डिग्री के लिए आई थी। आज, मैं एक सिविल इंजीनियर के रूप में काम करती हूँ, एक नई दुनिया, एक नया अध्याय। लेकिन मेरी जड़ें, मेरी नींव, वह हमेशा वे ही रहेंगे।

अगर इस किताब ने आपके दिल को छुआ है, तो मैं चाहती हूँ कि आप जानें, मेरी कहानी यहीं खत्म नहीं होती। मैंने एक सुंदर यात्रा जी है। अगर जीवन ने अनुमति दी, तो मैं दूसरी किताब लिखूँगी। एक नया मौसम। नए सबक। उस जादू के बारे में और, जिसने मुझे आकार दिया।

लेकिन अभी के लिए, मैं आपको यहीं छोड़ती हूँ।

कृतज्ञता के साथ।

आँसुओं के साथ।

उन दो पुरुषों की यादों के साथ जिन्होंने सिर्फ एक परिवार नहीं पाला...

उन्होंने आसमान थामे रखा।

सप्रेम, हिनाली दूधाणे

(दो स्तंभों की बेटी)

***